电商文案策划

主　编　陈治凤　吴赛花
副主编　郑敏玲　毛梅容
参　编　梁燕秋　李　幸
　　　　叶　昕　张耿锋
　　　　李力君

北京理工大学出版社
BEIJING INSTITUTE OF TECHNOLOGY PRESS

内 容 摘 要

本书系统融入社会主义核心价值观，全面贯彻党的二十大精神，对需要掌握的知识点与技能点进行提炼、梳理并整合形成了5个项目，分别为走进电商文案、店招文案策划、海报文案策划、主图文案策划和详情页文案策划。本书案例丰富、图文并茂、实用性强，对电商文案相关基础知识进行概述，并全面、系统地讲解了不同类型电商文案写作与排版设计的方法，理论与实践相结合，注重对读者职业专业技能的培养。同时，本书科学设置学习栏目，灵活安排知识技能教学，引导读者主动思考探索，帮助读者深入理解并掌握学习内容，从而有效提升读者学习效果与综合能力素养。

本书可作为从事电商文案策划工作及相关从业人员的参考用书，还可作为相关培训班的教学用书。

版权专有　侵权必究

图书在版编目（CIP）数据

电商文案策划 / 陈治凤, 吴赛花主编. -- 北京：北京理工大学出版社, 2024.1

ISBN 978-7-5763-3399-2

Ⅰ.①电… Ⅱ.①陈…②吴… Ⅲ.①电子商务—策划—写作 Ⅳ.①F713.36②H152.3

中国国家版本馆CIP数据核字(2024)第032626号

责任编辑：王玲玲　　**文案编辑**：王玲玲
责任校对：刘亚男　　**责任印制**：边心超

出版发行 / 北京理工大学出版社有限责任公司
社　　址 / 北京市丰台区四合庄路6号
邮　　编 / 100070
电　　话 / （010）68914026（教材售后服务热线）
　　　　　　（010）68944437（课件资源服务热线）
网　　址 / http://www.bitpress.com.cn

版 印 次 / 2024年1月第1版第1次印刷
印　　刷 / 定州市新华印刷有限公司
开　　本 / 889 mm × 1194 mm　1/16
印　　张 / 13
字　　数 / 260千字
定　　价 / 89.00元

图书出现印装质量问题，请拨打售后服务热线，负责调换

前 言

党的二十大报告指出,加快发展数字经济,促进数字经济和实体经济深度融合,打造具有国际竞争力的数字产业集群。电子商务行业乘势而上迅速发展,社会对电商文案人员的需求量增加,在数字化信息时代,具有卓越表现力以及视觉吸引力的优质电商文案,能够以简洁明了、凝练精准的语言,在最短时间内抓住消费者视线,激发消费者情感共鸣,提升消费者对商品或品牌的好感度,从而形成广泛传播效应并促进消费。

本书以党的二十大精神为指导,落实立德树人根本任务,从电商文案岗位人才需求出发,以读者为中心,注重基础性,体现职业性,反映时代性,结合电商文案整体特点及发展趋势进行编写。本书根据电商文案的具体应用进行拆分,按照不同应用场景将其划分为走进电商文案、店招文案策划、海报文案策划、主图文案策划和详情页文案策划。本书具有以下特色:

1. 融入思政内容,突出育人导向

本书在"素养目标"中直接指出读者在项目学习中需要达成的目标,并将知识技能与读者应具备的职业素养、思想意识形态进行充分融合。同时,设置"职业视窗"栏目,将真实企业案例与思政教育相结合,引导读者树立正确的职业道德观念,培养创新、敬业、精益的工匠精神。另外,引入助农助企项目,结合国家最新政策方针,全方位地融入思政元素,配有丰富精美的示例图片来提升读者审美水平,浸润美育教育。多策并举,从而达到立德树人的育人目的。

2. 科学构建体系,引入丰富案例

本书采用项目任务式图书编写结构进行内容的安排与设计,科学设置学习栏目,包括知识储备、任务操作、任务思考、任务评价、同步实训、实训评价等,通过将知识技能学习、练习、评价相结合的方式,帮助读者及时检验学习成果。本书拥有丰富的案例资源,书中不仅设置项目导入、案例导入、任务背景栏目,帮助读者快速进入学习情境,

而且在知识学习中同步融入具体案例分析，帮助读者深入理解所学内容。在具体项目中，按照技能要求代入角色，帮助读者快速进入学习情境，在明确学习任务的前提下，激发读者的学习兴趣，让读者在真实案例中通过团队自主探索学习、深入理解所学内容，充分体现了以读者为中心的编写理念。

3. 拥有海量资源，适应个性化、多样化使用需求

本书配备微课视频、学习课件、学习设计、综合试卷等丰富的数字化使用资源，不仅能够满足读者线上线下多元化的使用需求，不断探索数字化职业教育方式，而且能够帮助读者进一步拓展知识面，使读者能够更好地学习和掌握电商文案策划的技能，提升自身的专业能力素养。

本书在编写过程中参考了一些与电商文案策划有关的书籍和相关网站的资料，也得到了茂名市电子商务协会、九州创势农业发展（广东）有限公司、中山市赛尼电子科技有限公司等单位及院校专业人士的大力支持和帮助，在此一并表示感谢。

本书在编写过程中力求准确、完善、贴合行业发展，但也难免存在疏漏和不足之处，敬请广大读者批评指正，以便在今后的修订中进一步完善。

目录 CONTENTS

项目一　走进电商文案 ······················ 1
　任务一　电商文案认知 ························· 3
　任务二　电商文案岗位认知 ···················· 26
　任务三　电商文案相关的法律法规认知 ·········· 39

项目二　店招文案策划 ······················ 51
　任务一　店招文案认知 ························ 53
　任务二　店招文案写作 ························ 62
　任务三　店招文案排版设计 ···················· 69

项目三　海报文案策划 ······················ 89
　任务一　海报文案认知 ························ 91
　任务二　海报文案写作 ························ 98
　任务三　海报文案排版设计 ··················· 105

项目四　主图文案策划 ····················· 119
　任务一　主图文案认知 ······················· 121
　任务二　主图文案写作 ······················· 129
　任务三　主图文案排版设计 ··················· 140

项目五　详情页文案策划 ······ 151

任务一　详情页文案认知 ······ 153
任务二　详情页文案写作 ······ 160
任务三　详情页文案排版设计 ······ 171

参考文献 ······ 202

项目一 走进电商文案

学习目标

【知识目标】

1. 理解电商文案的定义、类型、构成要素和作用;
2. 熟悉电商文案的工作流程,了解电商文案岗位的职责与要求;
3. 了解电商文案相关的法律法规和各大电商平台对电商文案的相关规定。

【能力目标】

1. 能够依据电商文案的内容,辨别电商文案的类型;
2. 能够结合营销需求,策划电商文案的类型、色彩风格、文字效果、版式风格及配图风格;
3. 能够通过在各招聘网站和电商平台收集整理资料,培养学生的分析能力。

【素养目标】

1. 具备创新意识,能够在电商文案的策划过程中发挥主观能动性,创作出风格独特的电商文案;
2. 具备法律意识,在电商文案写作过程中严格遵守《中华人民共和国电子商务法》《中华人民共和国广告法》《中华人民共和国反不正当竞争法》等相关法律法规。

学习导图

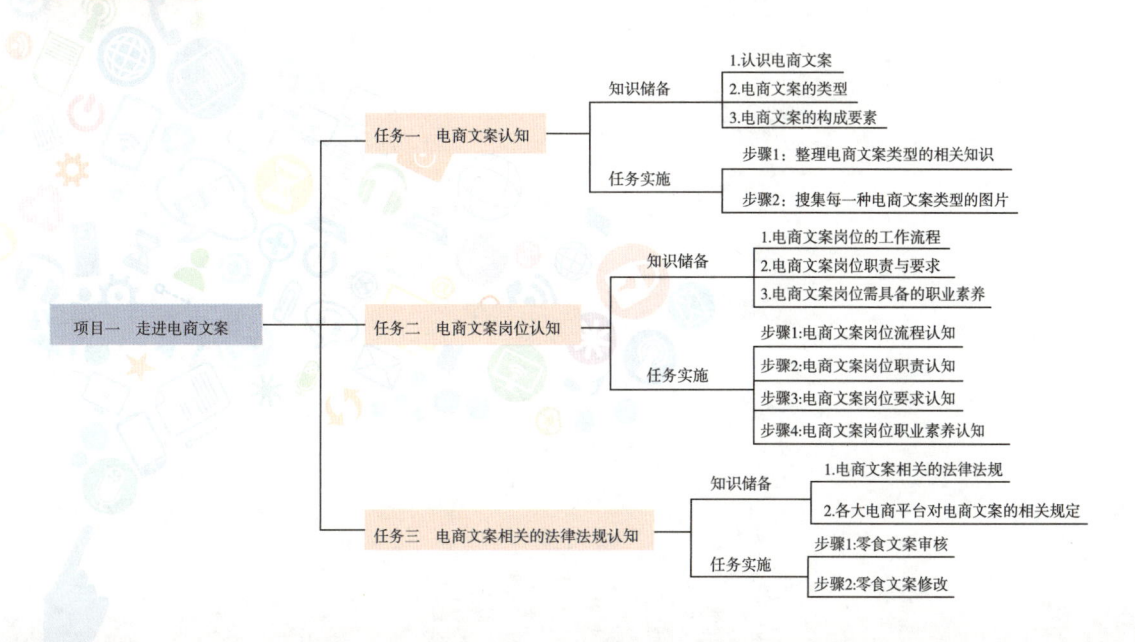

项目一 走进电商文案
- 任务一 电商文案认知
  - 知识储备
    - 1.认识电商文案
    - 2.电商文案的类型
    - 3.电商文案的构成要素
  - 任务实施
    - 步骤1:整理电商文案类型的相关知识
    - 步骤2:搜集每一种电商文案类型的图片
- 任务二 电商文案岗位认知
  - 知识储备
    - 1.电商文案岗位的工作流程
    - 2.电商文案岗位职责与要求
    - 3.电商文案岗位需具备的职业素养
  - 任务实施
    - 步骤1:电商文案岗位流程认知
    - 步骤2:电商文案岗位职责认知
    - 步骤3:电商文案岗位要求认知
    - 步骤4:电商文案岗位职业素养认知
- 任务三 电商文案相关的法律法规认知
  - 知识储备
    - 1.电商文案相关的法律法规
    - 2.各大电商平台对电商文案的相关规定
  - 任务实施
    - 步骤1:零食文案审核
    - 步骤2:零食文案修改

学习计划

学习任务	目标计划	实施计划
电商文案认知		
电商文案岗位认知		
电商文案相关的法律法规认知		

项目导入

　　王斌是一名电子商务专业的毕业生，在校期间，他热爱文案写作，多次参加文案写作大赛并获得了很多奖项，毕业后，他想在自己擅长的领域工作，因此，他决定去一家电商企业做文案策划工作。为了找到一份与自己专业相关的工作，他在众多招聘网站上搜索招聘信息，并成功应聘了一家零食网店的电商文案写作岗位，在正式成为电商文案策划人员前，他需要以电商文案策划实习生的身份学习三个月，为此，他需要提前了解电商文案的定义、作用、类型和构成要素，熟悉电商文案写作岗位的相关职责和要求，并对电商文案相关的法律法规有一定的认识。

项目一　走进电商文案

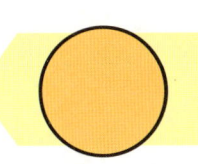

任务一　电商文案认知

案例导入

"海澜之家"品牌创立于2002年,是一个国际化一站式男装零售品牌。多年来,海澜之家坚持把"市场为先、客户为上"作为品牌培育发展理念,打造男装国民品牌,经过十几年的发展,海澜之家于2014年成功上市。至2020年,海澜之家在男装行业以4.7%的市占率连续6年蝉联行业第一。2021年,海澜之家荣获"CCFA中国时尚零售百强榜"第15名。

为什么海澜之家能够一直在男装品牌中发展得如火如荼呢?很大的原因在于它的广告文案非常深入人心——"海澜之家　男人的衣柜"。

图1-1-1所示的这句广告词巧妙地将品牌名称"海澜之家"与文案内容"男人的衣柜"连起来,组成了一句朗朗上口的宣传语。第一,这里强调"男人的衣柜",直接锁定产品针对的群体,抛出产品卖点:男士衣服。第二,衣柜是在家中的,而"男人的衣柜"就在"海澜之家",让人产生温馨感,买衣服就像是回家。第三,文案语意有联想性,让男人想到衣服,就想到衣柜,想到衣柜,就想到"海澜之家"。

图1-1-1　海澜之家文案

【案例思考】

1. 海澜之家广告文案的设计思路有哪些?
2. 电商文案对于企业的发展有哪些作用?

一、认识电商文案

（一）电商文案的定义

电商文案是指商家为了吸引用户产生购买欲望，在电子商务平台上发布的展示和介绍产品信息的文字内容。包括产品名称、产品价格、产品促销活动、产品购买方式等内容。通常具有简明扼要、朗朗上口、通俗易懂、创意新颖、传播范围广等特点。

> **小贴士**
>
> 传统文案和电商文案的区别
>
> 传统文案是指以纸质媒介为主要载体的广告文案，如报纸广告、杂志广告、海报、传单等。传统文案的目的是通过文字、图片等来吸引消费者的眼球，让消费者对产品产生兴趣，并且在一定程度上影响消费者的购买行为。
>
> 电商文案是指针对电子商务平台的广告文案，如淘宝、京东、拼多多等。电商文案的主要目的是在网上销售产品，通过文字、图片、视频等多种形式来吸引消费者的注意力，提高产品的销售量。相较于传统文案，电商文案的制作与传播方式更加便捷和灵活，而且还可以通过数据分析等手段来了解消费者的购物习惯和需求，从而更好地制订营销策略。

乐于创新，让电商文案在创新创作中闪闪发光

（二）电商文案的作用

电商文案作为企业宣传产品的有力工具，是连接用户与产品的重要纽带。优秀的电商文案能够提高产品销量、增强品牌形象，对企业的长期发展具有重要意义。电商文案的作用主要有以下几个方面：

1. 展现产品核心卖点，节省购物时间

电商文案的主要目的是通过简短的文字，展现出产品的核心卖点，让消费者通过浏览文案内容就能知道产品是否符合自己的需要，节省消费者的购物时间，如果产品文案能够直接表达出消费者的需求，会大大激发消费者的购买欲望，从而促使消费者主动产生下单行为。

图 1-1-2 所示为一款学习桌椅的海报文案，主副标题文案"多功能儿童学习桌 贴心

实用，陪伴成长"，通过简短的文字直接告知用户该款学习桌的核心卖点是多种功能，再加上说明性的文字"双维调节 / 健康实木 / 宽大桌面 / 正姿护眼"，让用户无须查看商品详情页，通过海报文案就能大致了解到该款学习桌的多种功能，大大节省了购物时间，如果用户正好需要一款兼具宽大桌面又护眼的儿童学习桌，核心卖点的文案能够起到很好的广告营销效果，有利于促使用户点击查看商品进而产生购买行为，提高点击率、转化率。

图 1-1-2　学习桌椅文案

2. 打造产品个性，突出产品竞争力

电商文案的创作具有很强的主观能动性，在电商文案的创作过程中，能够从不同角度提炼产品的差异化卖点和优势，并以此为核心打造出个性化产品文案，可以让消费者从中了解到产品的独特之处，从而提升产品的竞争力。

图 1-1-3 所示为德芙巧克力新春海报宣传文案，通过谐音"宫送新福　年年得福"，和故宫博物院来了一次跨界合作，将中国传统文化注入品牌内核中，打造了一场年味很浓的春节营销。该文案的巧妙之处还在于不仅通过谐音"得福"，为用户送上祝福，也让用户再次记住"德芙"，达到了一语双关的目的。

图 1-1-3　德芙巧克力文案

3. 有力宣传品牌，塑造品牌形象

一个成功的电商文案会突出品牌价值观和理念，塑造企业形象。通过讲述品牌故事和产品背后的情感内涵，把品牌的内在价值传递给消费者，从而达到用品牌的魅力吸引消费者，增强消费者对品牌的认同感和信任感。

图1-1-4所示为宜家兰塔落地灯的产品文案，文案采用了"故事＋场景"的形式进行描写，给人营造出了一种温馨舒适的生活场景。这种故事型文案以软文形式引领用户进入产品应用场景，更能让用户全面了解产品功能，深入体悟品牌价值理念，从而有效提升用户对品牌的好感度，加深用户印象。

兰塔落地灯
落地灯，明亮的灯，明亮的心
太阳早已落下
却不愿意将阅读停下
也不愿开大灯
通明的灯火会扰乱我的阅读
只好提来落地灯
以它专注的光亮带我继续回到书中
很快地忘却了适才的焦躁
忘却了周边的漆黑一片
只知道阅读的心
逐渐明亮通透着

图1-1-4 宜家产品文案

4. 赢得用户信任，促进产品销售

优秀的电商文案能够为用户提供真实、专业、全面的产品信息，让用户对文案产生信任感，并激发下单行为。电商文案的产品内容越真实、越专业、越全面，越能赢得用户信任，从而吸引用户主动了解产品，激发消费者的潜在购买需求，促进产品销售。

小度智能巨屏电视推出了一款86寸①的超大电视，需要让用户感知这款电视大到什么程度，于是，以"注意！别×××我的广告"为文案内容。图1-1-5所示为小度智能巨屏电视的广告文案，该文案写在卷帘门上，能够让用户一下子联想到小度智能巨屏电视的大小，非常真实、直观地突出了86寸电视的大，从而赢得用户信任，促进电视的销售。

---

① 1寸≈3.33厘米。

项目一 走进电商文案

图 1-1-5 小度智能巨屏电视文案

二、电商文案的类型

电商文案有多种类型，针对不同的应用场景和目标，可以分为展示类电视文案、活动促销类电商文案、品牌宣传类电商文案、软文推广类电商文案、视频介绍类电商文案。

（一）产品展示类电商文案

产品展示类电商文案是指用于展示产品信息的文案类型，也是电商文案中最常见的一种文案形式，其又可以细分为产品主图展示文案、产品详情页展示文案、产品海报展示文案。

1. 产品主图展示文案

产品主图展示文案是指在产品主图中介绍产品信息的文案内容，包括产品的名称、品牌 LOGO、价格、功能、特点等信息。主图展示文案一般比较简短，仅仅起到提示的作用，突出关键信息，引起用户的注意。图 1-1-6 所示为拉链科目分类袋主图文案，文案展示了产品的名称、规格、颜色等，让用户看到主图就能快速了解到此款拉链科目分类袋的颜色和规格。

图 1-1-6 拉链科目分类袋主图文案

2. 产品详情页展示文案

产品详情页展示文案是指在产品详情页中展示产品的详细信息，包括产品的特征、制作工艺、优势、生产证明、获奖荣誉、物流信息等内容。产品详情页文案展示要尽可能地用清晰、简洁、真实的语言描述产品价值，告知用户此款产品与其他竞争产品相比的优势所在。图1-1-7所示为儿童数码相机的产品详情页文案展示图，通过文字、图片等元素全面、详细地展示出产品的具体性能、特点等信息，例如支持MP3音乐播放、数据线连接电脑直接下载内容，营造出一种"儿童相机虽小，但也能够拥有成人相机的强大功能"的感觉，增加用户对产品的兴趣，从而刺激用户购买。

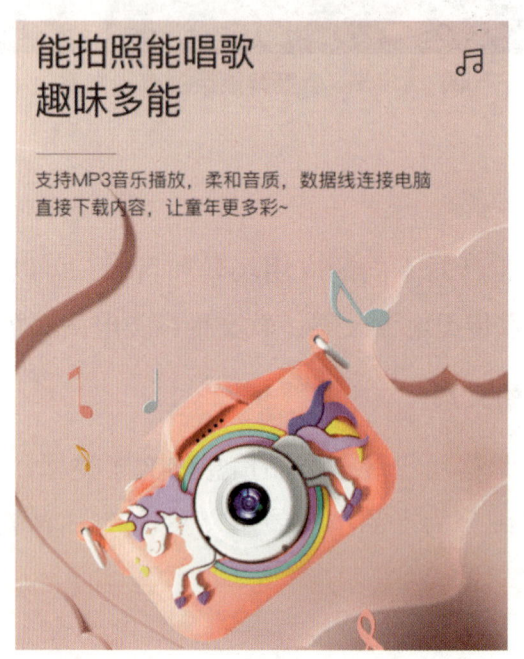

图1-1-7 儿童相机详情页文案

3. 产品海报展示文案

产品海报展示文案是指在产品海报上用文字传递产品信息、促销信息或品牌信息的文案内容。好的海报类文案为了能够吸引消费者的眼球，通常通过精美的页面排版和配色、富有创意性的文字和配图，给用户留下深刻的印象，从而促使消费者产生购买行为。图1-1-8所示为宁夏枸杞的海报文案展示图，该海报文案展示了产品名称、产品图片、产品功能介绍等信息，海报配图风格以水墨画为主，简约大气，弘扬了中国传统文化之美。

图 1-1-8　枸杞海报文案

（二）活动促销类电商文案

活动促销类电商文案是指专门用于介绍产品活动信息或促销信息，旨在激发用户的购买欲望，从而促进产品销售的文案内容。相比于其他类型的电商文案，活动促销类电商文案更具有感染力和号召力，通常能够获得不错的营销效果。在活动促销类电商文案中，商家可以自行组织各种优惠活动，从而吸引用户购买。例如，图 1-1-9 所示为蓝莓促销活动文案。文案内容"买 1 斤送 1 斤"展现了产品的优惠力度，能够有效刺激用户点击下单，产生购买行为，提高销量。

图 1-1-9　蓝莓活动促销文案

(三）品牌宣传类电商文案

品牌宣传类电商文案是指用于塑造品牌形象，宣传品牌文化而创作的文案内容。一个好的品牌宣传文案能够凸显出品牌文化的核心价值，赋予品牌特殊的情感，树立良好的品牌形象，传递优秀的品牌故事，加深用户对品牌的认知与记忆，进而提高品牌影响力。图1-1-10所示为杨先生糕点品牌故事文案，文案通过简短的故事告知了品牌的故事、品牌的文化等，用故事传递出了品牌价值。

图 1-1-10　杨先生糕点品牌故事文案

（四）软文推广类电商文案

软文推广类电商文案是指不直接介绍产品或品牌信息，而是通过文章、故事、笑话等方式传递产品或品牌的文案内容。软文推广类电商文案通常具有"润物细无声"的特点，让用户在阅读文章、故事或笑话等内容时，不知不觉地接受产品或品牌信息，从而产生购买欲望。图1-1-11所示为麻辣王子辣条软文推广文案，该文案通过微信公众号文章的形式进行推广，文案内容用"辣条围巾"来形容麻辣王子辣条之长，非常具有画面感和创意，从而使用户在好奇心的促使下产生购买行为。

1-1-11　麻辣王子软文推广文案

（五）视频介绍类电商文案

视频介绍类电商文案是指通过视频的形式展现产品或品牌的文案内容，属于动态类文案展示形式。与图文类电商文案相比，视频类电商文案更加生动，传达的视觉信息更加丰富，更具有视觉冲击力。图 1-1-12 为认养一头牛品牌视频电商文案，视频中专门标记出了"专属牧场"字样，该文案虽然简短，但传递给用户的是产品的奶源来自专门牧场饲养的奶牛，用户看了会更加放心。

图 1-1-12 认养一头牛视频电商文案

练一练

某店铺想要参与父亲节活动，请根据活动促销类电商文案的所学知识，为该店铺的保温杯设计一段电商文案，要求文案简短，突出活动主题和活动力度。

三、电商文案的构成要素

商家要想让电商文案在众多同类产品文案中"出圈"，做好电商文案的设计工作是至关重要的。想要设计出独具一格的电商文案，首先需要了解电商文案的构成要素。电商文案通常由四个部分构成，分别是色彩、版式、文字和配图。

瑞幸咖啡电商文案构成要素分析

（一）色彩

色彩在电商文案设计中非常重要，因为它可以通过不同色彩带给人的视觉感受，影响用户的购买决策。合适的色彩选择有助于提高电商文案设计的效果,增强用户对于电商文案的记忆度和辨识度,进一步提升产品转化率。不同的色彩会给人们带来不一样的视觉感受和心理感受,人们在浏览购物网站时,色彩最先带给用户视觉冲击,影响用户体验,因此,商家在进行电商文案的色彩设计时,要了解每一种颜色的特点,选择符合产品配图和文字的背景颜色,见表1-1-1。

表1-1-1 不同背景颜色的电商文案示例

颜色	特点	电商文案示例
红色	充满活力、热情、力量和勇气	
橙色	鲜艳、明亮、活泼	
黄色	明亮、鲜艳、充满活力、引人注目	
绿色	青春、生命力、健康、环保	

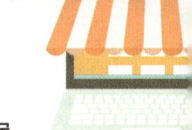

项目一　走进电商文案

续表

颜色	特点	电商文案示例
蓝色	清新、洁净、自由、平和	
紫色	神秘、高贵、典雅、内敛、梦幻	
黑色	神秘、低调、端庄、大气、严肃	
白色	纯洁、清新、明亮、简约	
灰色	沉稳、低调、简约、实用	

13

（二）版式

在电商文案中，版式指的是文字、图片、排版等元素在页面上的布局和组合方式。合理美观的版式设计可以提高产品的吸引力、用户体验和销售转化率。常见的电商文案布局版式有中心分布版式、左右分布版式、上下分布版式、对角线分布版式等，见表1-1-2。

表 1-1-2　不同版式类型电商文案示例

版式类型	特点	电商文案示例
中心分布版式	文案置于图片中心，更容易让用户注意到	
左右分布版式	文案均匀或对称分布在图片左右两侧，具有平衡视线的作用	

续表

版式类型	特点	电商文案示例
上下分布版式	文案均匀或对称分布在图片上下两侧，文案内容在排版上相互对应	
对角线分布版式	文案分布在图片对角线的位置，更加有视觉冲击力，更加个性化	

（三）文字

文字设计对于电商文案非常重要，它是向用户精准传递营销信息的主要方式之一。好的文字设计可以使产品的描述更加生动形象、吸引人眼球，并且能够使消费者更加信任和认同该产品。对于文字的设计，主要可以从以下几个方面进行：

1. 字体

字体选择对于电商文案非常重要。合理的字体搭配可以使文案更加美观、易读，从而提高消费者的购买欲望和信任感。可以选择日常比较常见的字体，例如宋体、黑体、楷体等，也可以使用创意型字体或艺术字体来增加文案内容的美观性和独特性。

图1-1-13中的"把衣柜装进箱子"采用的是常见的宋体，而"墩墩箱"采用了艺术字体，使文案富有俏皮感。

图1-1-13 墩墩箱文案字体

2. 字体颜色

字体颜色对于电商文案非常重要。设置合适的字体颜色可以增加阅读体验的舒适度，从而提高消费者的阅读率和留存率。通过使用醒目的颜色来强调产品的特点，可以吸引消费者的注意力，并使其更容易记住产品。图1-1-14所示为某品牌肉松饼的电商文案设计图，图中的文案字体采用了亮黄色，使文案内容非常醒目，这让用户一眼就能抓住文案的重点——买1箱送1箱。

图1-1-14 肉松饼文字字体颜色

3. 字体大小

将文字设置为不同的大小，能够使文案内容的层次更加清晰。字体大小也可以用来

强调关键信息。比如，商品价格、促销活动等重要信息可以使用大号字体来突出显示，吸引用户的注意力。图 1-1-15 所示为某品牌乳酸菌面包的电商文案设计图，文字"整箱 2 斤装共约 48 个"专门进行了放大，具有强调乳酸菌面包重量大、个数多的效果，给用户营造出一种物超所值的效果。

图 1-1-15 乳酸菌面包文案字体大小

4. 字体特殊效果

为字体加入特殊效果，例如加粗、倾斜、下划线、阴影等，能够让文案更具有特色，达到美化文案的效果，能够提高电商文案的美观度。图 1-1-16 所示为某品牌面包电商文案设计图，文案"口感醇厚 滋味浓郁"加入了特殊效果，倾斜加阴影呈现，让文案内容更加个性和具有视觉冲击力。

图 1-1-16 面包字体特殊效果

5. 段落格式

设置合理的文字段落格式能够体现出文案内容的层次，让文案内容更加具有逻辑性和可读性，也能够让文案呈现效果更加美观。可以通过调整文字的对齐方式、行距、缩进方式以及段落间距来实现。图1-1-17所示为某品牌中性笔的主图文案设计图，文案"低重心设计　双珠速干笔芯　双倍书写长度"采用了对齐排列的方式，并且行间距也一致，让文案整体效果看起来具有层次感和逻辑性。

图1-1-17　中性笔文案段落格式

6. 项目符号和编号

项目符号和编号可以对较为冗长的文字内容进行分列展示，让文字内容更加具有条理性和逻辑性，能够帮助用户更加快速地厘清文案的逻辑关系。图1-1-18所示为某品牌空气炸锅的主图文案设计图，文案"光波管速热　取篮智能断电　彩屏智能菜单　高硼玻璃炸篮"采用了项目编号进行分类展示，让整体文案内容看起来更加具有逻辑性和层次感。

图1-1-18　空气炸锅文案编号排列

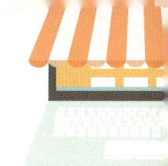

7. 文字方向

文字方向的设计对于电商文案也是非常重要的。除了横向、竖向、斜向外，还可以通过更多的变化来设置文字的方向，例如十字交叉、错位等方式，不但增加文案的美感，还能够突出文案的特色，吸引用户的注意，见表1-1-3。

表1-1-3 不同文字方向电商文案示例

文字方向	特点	电商文案示例
横向	横向排列可以在利用水平空间的同时，增强视觉冲击力和阅读吸引力	
竖向	纵向排版提供了更多的空间，因此能够更好地体现出文本和图片的布局效果	
斜向	斜向排列在视觉性格化上具备鲜明的张扬力，具有视觉冲击力	

续表

文字方向	特点	电商文案示例
十字交叉	文字十字交叉排列，能够抓住眼球焦点的位置	
错位	文字错位排列可形成颇具视觉特效的效果，从而使文本具有强烈的视觉冲击力	

（四）配图

配图可以让文案更加生动、具体，吸引用户的注意力。一张好的图片可以让用户更快地理解产品特点，增强购买欲望。需要注意的是，在选择配图时，需要遵循版权规定，并确保图片质量清晰、内容相关。常见的配图风格有现代风格、复古风格、卡通风格、鲜艳风格、手绘风格、水墨风格等，见表1-1-4。

表1-1-4　不同配图风格电商文案示例

配图风格	特点	电商文案配图示例
现代风格	现代风格的配图具有视觉效果强烈、形式简洁、色彩鲜艳、内容明确的特点，是一种富有时代感和创新性的设计风格	

项目一　走进电商文案

续表

配图风格	特点	电商文案配图示例
复古风格	复古风格的配图通过采用老旧的色调，比如黄色、金色、棕色等，营造出一种充满历史感的视觉效果，来传达出一种怀旧、浪漫、文艺的情感	
卡通风格	卡通风格的配图在表现手法上更加灵活多变，可以通过对线条、色彩、背景等元素的处理来创造出各种不同的效果，既能表达出欢乐和幽默，也能传递出其他复杂的情感	
鲜艳风格	鲜艳风格的配图通过使用鲜艳、对比强烈的色彩，以及充满活力和形式美的表现方式，来打造出一个极具视觉冲击力的画面，给人眼前一亮之感	

21

续表

配图风格	特点	电商文案配图示例
手绘风格	手绘风格配图仿佛手工绘制的效果，通常包括素描、彩铅画、水彩画等，给人一种配图做工随性、自由、天然的艺术感	
水墨风格	水墨风格配图是使用黑白、灰色和淡色调来表现出中国传统水墨画的气息，会给人宁静、深远的感受	

想一想

每一种配图风格更适用于哪些产品的电商文案宣传？请举例并说明原因。

任务实施

任务背景

王斌刚进入电商文案岗位，对电商文案类型的认识还有些不够清晰，请根据所学知识，帮助王斌整理出每一种电商文案类型的定义、特点、作用，并上网搜集相应的电商文案图片，进一步加深对电商文案类型的认知。

项目一　走进电商文案

任务操作

完成电商文案类型的认知,可参照如下步骤。

步骤1:整理电商文案类型的相关知识

请根据所学知识,帮助王斌梳理出电商文案的类型,整理出电商文案各类型的定义、特点和作用,并完成表1-1-5的填写。

表1-1-5　电商文案的类型

电商文案的类型	定义	特点	作用

步骤2:搜集每一种电商文案类型的图片

完成了电商文案类型的认知后,王斌还需要进一步加强对每一种电商文案类型的认识,请帮助他上网搜集每一种类型电商文案的图片2张,并将搜集到的图片截图放置在表1-1-6中。

表1-1-6　每一种类型电商文案的图片

电商文案的类型	相关图片

23

任务思考

通过以上操作，完成了电商文案类型认知的实训操作，请在此基础上进行思考并回答：

电商商家选择电商文案类型时，需要考虑哪些因素？

_____

_____

_____

任务评价

按照客观、公正和公平的原则，在教师的指导下按自我评价、小组评价和教师评价三种方式对自己或他人在本任务学习中的表现进行综合评价，并完成表 1-1-7 的填写。

表 1-1-7　学习任务综合评价表

考核项目	评价内容	配分	评价分数 自我评价	评价分数 小组评价	评价分数 教师评价
职业素养	具备创新意识或原创精神	10			
职业素养	具备洞察能力和分析能力	10			
职业素养	能够识别电商文案的类型	50			
任务成果	任务成果符合任务要求	15			
任务成果	任务成果完成质量	15			
	总分	100			
总评	自我评价 ×20%+ 小组评价 ×20%+ 教师评价 ×60%=	综合评分			

同步实训

某店铺的绿茶近期要进行上新宣传，请根据所学知识，帮助老板选择合适的电商文案类型，说明选择类型的原因，并完成表 1-1-8 的填写。

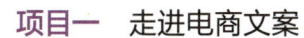

表 1-1-8 分析选择电商文案类型的原因

选择的电商文案类型	选择原因

实训评价

序号	评估内容			评分比例 /%
		考核项目		
1	实训内容	分析电商文案的策划风格	能够分析并总结出电商文案背景的色彩特点	80
			能够分析并总结出电商文案的版式风格及特点	
			能够分析并总结出电商文案的文字效果：字体、颜色、大小、特殊效果、段落格式、项目符号和编号、文字方向等	
			能够分析并总结出电商文案的配图风格及特点	
2	实训结果	实训结果书写认真、完整、页面整洁，实训收获较大		20
	合计			100
个人总结	编写个人的实训过程及收获，如在整个过程中的收获和心得体会等			

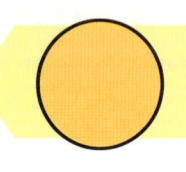

任务二　电商文案岗位认知

案例导入

文案策划师简介

一、职业概况

作为 21 世纪的新兴行业，文案策划师的出现，满足了网络营销市场的文案策划需求。文案策划师是独立于广告人和营销策划人员的一种职业。文案策划师是一项综合性较强的职业，涵盖了策划、市场营销、新闻传媒、广告和心理学等多个领域，可谓是集多种职能于一身的职业。

二、文案策划人员需要掌握的技能

要胜任这个职业，需要掌握多方面的技能，首先要求有语言文字功底和美学功底，还要有深厚的文字功底、思维活跃、洞察力强、富有创意，同时要掌握营销、策划、心理、管理等多方面技能，具备这些能力后，才能成为一个合格的文案策划师。

三、文案策划师的工作流程

1. 收集相关产品、服务、公司、企业资料信息；

2. 确定产品、服务、公司、品牌的定位，并初拟文字策划方案；

3. 撰写产品文案策划、广告宣传文案策划、营销策划文案等；

4. 与设计员、客户、企业主等完成对接，以便文案能发挥出最佳营销效果。

四、文案策划师的发展现状及发展前景

文案策划师整合了文案和策划两方面的工作，文案的专业是编辑、撰写广告文字内

容或影视媒体中的对话、旁白，而策划则是考虑怎样做广告，比如广告媒体形式、受众人群分析、宣传重点、营销策略。文案策划师要同时具有新闻学、广告传播学、中文、汉语言文学类等相关的专业知识，要经过至少2年的市场历练，才能成为一个合格的文案策划师。未来将需要大量的文案策划师，而现在专业的策划师却寥寥可数，人才需求的缺口非常大。因此，文案策划师未来的市场空间很大。

【案例思考】

1. 文案策划人员需要掌握的技能有哪些？
2. 电商文案策划师和文案策划师有哪些区别？

知识储备

一、电商文案岗位的工作流程

电商文案策划是指电商文案策划人员根据产品、活动或品牌信息，收集并整理出所需信息，从而撰写出吸引人的文案来促进产品或服务销售的过程，如图1-2-1所示。电商文案的策划并不是简单的文字组合，在撰写电商文案内容时，电商文案策划人员需要认真分析运营人员提供的电商文案需求信息，包括产品的市场发展现状、产品的目标受众、产品的基本信息、品牌信息、活动信息等，整理出所需的信息，从而有针对性地设计出电商文案。

图1-2-1 电商文案岗位的工作流程

（一）分析电商文案需求信息表

分析电商文案需求信息表是电商文案策划的首要步骤。电商文案策划人员在撰写电商文案前，首先要从运营人员处获取并分析电商文案需求信息表，见表1-2-1，了解产品的基本信息、分析产品的市场发展现状及发展前景、产品的受众人群、产品的用户需求、活动信息、品牌信息等，从而对电商文案需求有更加深入和全面的了解，进而有针对性、有依据地制订出电商文案内容。

表 1-2-1 电商文案需求信息表

产品的基本信息	产品的市场发展现状及前景	产品的受众人群	产品的用户需求	活动信息	品牌信息
1. 产品名称 2. 产品类别 3. 产品规格 4. 产品包装 5. 产品的制作工艺 6. 生产日期和保质期 7. 生产厂家 8. 产品价格 9. 售后服务 ……	1. 产品的市场发展现状 2. 产品的市场发展前景	1. 受众人群的年龄 2. 受众人群的性别 3. 受众人群的地域 4. 受众人群的职业 5. 受众人群的受教育程度 6. 受众人群的兴趣爱好 ……	1. 功能需求 2. 性能需求 3. 易用性需求 4. 可靠性需求 5. 定制化需求 6. 社交化需求 7. 售后服务需求 ……	1. 活动时间 2. 活动方式 ……	1. 品牌LOGO 2. 品牌故事 3. 品牌发展历程 4. 品牌荣誉 ……

（二）收集与整理信息

分析完产品各方面的信息后，就可以收集与整理出电商文案所需的信息内容，电商文案策划人员则可以根据整理的所需信息进行电商文案的撰写。

若电商文案的类型为店招文案、活动促销文案或品牌宣传文案，则可以直接根据活动信息或品牌信息来撰写电商文案。

若电商文案的类型为产品介绍文案，如主图文案、海报文案或详情页文案，则需要根据电商文案需求信息表提炼出产品卖点，向目标用户传达产品的价值和优势，从而提高产品的销售量和市场份额。

常见的提炼产品卖点的方法有 FABE 法则和 AIDMA 法则。

1. FABE 法则（图 1-2-2）

Feature（特征）：产品的特质、特性等最基本功能
Advantage（优点）：与同类产品相比，产品的优点
Benefit（好处）：产品能给消费者带来什么好处
Evidence（证据）：能够证明产品优点和好处的证据、证明

图 1-2-2 FABE 法则

以某品牌的不锈钢电热水壶为例，使用 FABE 法则进行产品卖点的提炼。

（1）Feature（特征）

图 1-2-3 所示为不锈钢水壶的主图文案，文案"304 不锈钢内胆 一体式无缝内胆"向用户介绍了此款不锈钢水壶采用的是 304 不锈钢内胆，直接向用户告知此款水壶的制作材料优势。

图 1-2-3 不锈钢水壶制作工艺

（2）Advantage（优点）

图 1-2-4 所示为一体式内胆的优势文案，向用户说明了此款内胆所带来的优势——安全健康，更加耐腐蚀和抗氧化，不易藏纳污垢。

图 1-2-4 一体式内胆的优势

（3）Benefit（好处）

图 1-2-5 所示为一体式内胆的好处文案，直接告知用户此款不锈钢电热水壶的好处——安全健康，不易藏垢，方便清洁，品质耐用。

图 1-2-5 一体式钢内胆的好处

（4）Evidence（证据）

图 1-2-6 所示为不锈钢电热水壶的销售记录文案，用数字"1580000+"向用户来证明此款不锈钢电热水壶的销量之高，加强用户对该款产品的信任度。

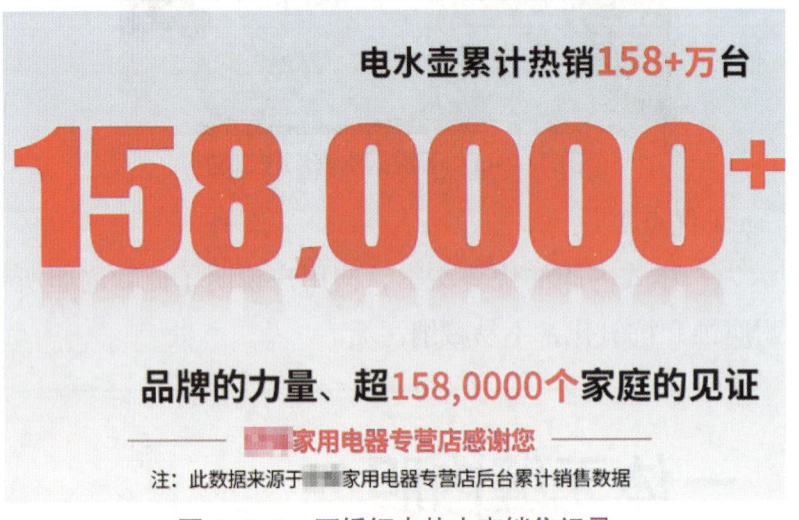

图 1-2-6 不锈钢电热水壶销售记录

2.AIDMA 法则（图 1-2-7）

图 1-2-7 AIDMA 法则

以某品牌鲜花饼为例，使用 AIDMA 法则进行产品卖点的提炼。

（1）Attention（注意）

图 1-2-8 所示为鲜花饼的文案，"早餐"两个字能够直接引起每天吃早餐的用户的注意。

图 1-2-8　鲜花饼文案

（2）Interest（兴趣）

"是鲜花饼　也是早餐"这几个字也会使习惯吃早餐的用户产生疑问：难道鲜花饼也能当作早餐吗？因此，会对此款鲜花饼产生很大的兴趣。

（3）Desire（欲望）

在上述情感需求和内心疑惑的驱使下，用户便会产生购买鲜花饼的欲望。

（4）Memory（记忆）

即使平时没有刻意去购买鲜花饼的行为，但在吃早餐的时候，也很容易想到这款鲜花饼的文案。

（5）Action（行动）

当对这款产品有深刻记忆的用户再次吃早餐时，他们可能会产生购买鲜花饼的行动。

（三）撰写电商文案

收集与整理完所需信息后，就可以撰写电商文案了。在撰写电商文案时，需要简明扼要、突出卖点、说明需求导向、强调差异、加入创意，以吸引用户的注意力并促进购买。

①简明扼要：电商文案需要简短、精炼，并尽量使用简单易懂的词汇和语句，让用户一目了然。

②突出卖点：在文案开头或者醒目的位置，突出产品的核心优势和特点，引起用户的兴趣。

③说明需求导向：描述产品时，要紧密围绕用户需求展开，阐述产品如何解决用户的问题，并突出产品的独特价值。

④强调差异：描述产品时，需要强调产品的优势和与众不同之处，以突出产品的独特性，给用户留下深刻印象。

⑤加入创意：电商文案的创意设计也是非常重要的，可以通过图片、字体、颜色等元素来增强电商文案的吸引力和记忆度。

二、电商文案岗位职责与要求

电商文案岗位是专门为企业或店铺做营销文案策划和撰写的岗位，从事电商文案工作必须提前了解岗位职责和岗位要求。

（一）电商文案岗位的职责

①负责企业电商网站（淘宝/天猫/京东等平台网店、企业自主搭建的电子商务平台）线上活动文案的策划与撰写。

②负责根据产品特点和市场需求，撰写各种类型的电商文案，包括产品标题、产品描述、产品主图文案、产品详情页文案、店招文案、海报文案、产品广告词等。

③负责针对不同的用户群体，根据其喜好、需求和心理，编写创意性的产品文案，以提高销售转化率。

④负责追踪竞品信息，分析市场趋势，及时调整文案内容，提高产品的竞争力。

⑤负责与相关部门沟通协调，获取产品信息和最新动态，确保文案内容的准确性和权威性。

（二）电商文案的岗位要求

①具备专业的知识储备，熟悉广告学、市场营销学、传播学、电商商务相关理论知识，能够熟练应用到电商文案的写作过程中。

②具备坚实的文字功底，对文案或策划感兴趣，能够完成电商文案的策划和撰写工作。

③具备较强的创新能力，对信息敏感度强，能够设计并撰写出具有竞争力的电商文案。

④具备较强的法律意识，熟悉并严格遵守各大电商平台对于电商文案的规则和标准，确保文案内容符合相关要求，并能够有效地引导用户进行购买。

项目一　走进电商文案

⑤具备优秀的沟通能力，具有良好的团队合作精神，能够与产品运营人员及时沟通并获取产品各项信息，分析总结出产品的核心卖点，并撰写出富有吸引力的产品文案。

⑥具备良好的逻辑思维能力，有清晰的营销思路，能够对互联网产品及用户需求有较为深刻的理解和认识，善于把握消费者的心理。

⑦具备敏锐的洞察能力，能够及时掌握热点知识、行业最新发展动态并运用到电商文案的写作中。

⑧具备较强的学习能力和适应能力，能够不断更新自己的知识和技能，适应电商行业发展的变化。

⑨具备熟练的计算机操作能力，能够熟练使用Office、WPS等办公软件。

三、电商文案岗位需具备的职业素养

一个优秀的电商文案策划人员，不仅要求掌握专业的营销文案撰写能力，还要具备一定的职业素养。职业素养是指一个人在从事职业活动中所表现出来的态度、价值观、行为准则和专业技能等方面的综合素养。电商文案岗位的职业素养主要包括职业道德和职业技能两个方面。

（一）职业道德

职业道德是指在从事某种职业活动中，人们应该遵循的一系列道德规范和行为准则。职业道德通常体现在一系列行为规范和社会责任感上，是职业人员开展工作的必要条件。电商文案岗位所要具备的职业道德如下。

①遵守法律：电商文案写作人员要具备法律意识，在撰写电商文案的过程中要严格遵守法律法规及各大电商平台的规则要求。

②诚实守信：电商文案写作人员要保持真实、客观、公正的态度，在撰写电商文案过程中，确保内容的真实可靠性，不误导消费者，不为了谋求利益而做虚假宣传。

③尊重知识产权：电商文案写作人员要尊重他人的知识产权，避免任何侵犯他人版权、商标或其他权益的行为。

④公平竞争：电商文案写作人员在市场竞争中遵守公平竞争原则，杜绝使用不正当手段谋取利益。

⑤服务至上：电商文案写作人员要以客户为中心，为客户提供优质的服务，应倾听客户的需求和反馈，并根据客户的意见不断修正和完善文案，以实现客户需求与文案撰写的最佳结合。

⑥责任感：电商文案写作人员要对工作保持尽职尽责的态度，对工作认真负责，不推

33

卸责任、不偷懒，按时按质完成工作任务。

（二）职业技能

职业技能是指一个人在从事某种职业或工作时所需掌握的特定技能和知识。它是通过教育、培训和实践等方式获得的，包括专业技能、技术技能、创新技能、团队合作技能等不同方面。

①专业技能：电商文案写作人员要具备扎实的广告学、市场营销学、传播学、电子商务等专业的理论知识和坚实的文字写作功底。

②技术技能：电商文案写作人员要掌握熟练的计算机操作技能和打字技能，能够熟练使用各种办公软件。

③创新技能：电商文案写作人员要具备创新思维和创新意识，在电商文案的撰写过程中，大胆创新，设计出独具一格的电商文案。

④沟通技能：电商文案写作人员要具备良好的沟通技能，能够与产品运营人员顺利沟通产品各项信息，更加全面地获取产品信息。

⑤团队合作技能：电商文案写作人员要具备良好的团队合作技能，与团队其他部门工作人员共同合作完成电商文案的策划与撰写。

⑥自我管理技能：电商文案写作人员要具备较强的自我管理技能，能够合理规划自己的工作时间和工作进度，确保电商文案的创作能够顺利完成。

⑦资料搜集技能：电商文案写作人员要具备较强的资料搜集技能，能够在书籍、网络等平台搜集到有创意、有趣味的内容，为电商文案的创作提供基本保证。

任务实施

任务背景

王斌以电商文案策划实习生的身份已经工作了三个月，为了能够成功转正成为一名正式的电商文案策划师，他需要完成一份实习工作总结报告，报告中要具体说明自己对电商文案岗位的工作流程认知、对电商文案岗位的职责认知、对电商文案岗位的要求认知以及对电商文案岗位的职业素养认知。请帮助王斌完成实习工作总结报告。

任务操作

要完成实习工作总结报告，可参照如下步骤：

项目一　走进电商文案

步骤 1：电商文案岗位流程认知

王斌在电商文案岗位实习了三个月，对电商文案岗位的工作流程有了一定的认识，请根据所学知识，完成电商文案岗位工作流程的流程图，如图 1-2-9 所示。

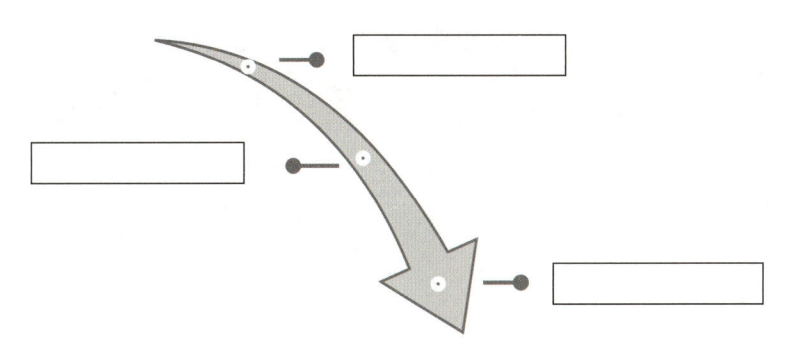

图 1-2-9　电商文案岗位工作流程

步骤 2：电商文案岗位职责认知

王斌通过在电商文案岗位的实习，对电商文案岗位职责有了清楚的认知，请根据所学知识，完成表 1-2-2 的填写。

表 1-2-2　电商文案岗位的职责

岗位职责	具体内容

步骤 3：电商文案岗位要求认知

王斌对电商文案岗位职责有了一定的认知后，还需要进一步阐明电商文案岗位的岗位要求。请根据所学知识，完成表 1-2-3 的填写。

表 1-2-3　电商文案岗位的要求

岗位要求	具体内容

步骤 4：电商文案岗位职业素养认知

最后，王斌还需要在实习工作总结报告中列出自己对于电商文案岗位的职业素养认知。请根据所学知识，完成表 1-2-4、表 1-2-5 的填写。

表 1-2-4　电商文案岗位的职业道德

职业道德	具体内容

表 1-2-5　电商文案岗位的职业技能

职业技能	具体内容

任务思考

通过以上操作，完成了电商文案岗位认知的实训操作，请在此基础上，进行思考并回答：

电商文案岗位所需具备的职责和要求与其他文案策划有什么异同之处？

_____
_____
_____

任务评价

按照客观、公正和公平的原则，在教师的指导下按自我评价、小组评价和教师评价三种方式对自己或他人在本任务学习中的表现进行综合评价，学习任务综合评价表见表 1-2-6。

表 1-2-6 学习任务综合评价表

考核项目	评价内容	配分	评价分数		
			自我评价	小组评价	教师评价
职业素养	具备创新意识或原创精神	10			
	具备洞察能力和分析能力	10			
专业能力	能够熟练梳理出电商文案岗位的工作流程	20			
	能够熟练列举出电商文案岗位的职责与要求	20			
	能够熟练列举出电商文案岗位的职业素养	20			
任务成果	任务成果符合任务要求	10			
	任务成果完成质量	10			
	总分	100			
总评	自我评价 ×20%+ 小组评价 ×20%+ 教师评价 ×60%=		综合评分		

同步实训

假设你毕业于电子商务专业，毕业后想要去一家电子商务企业从事电商文案策划岗位工作，请你使用 WPS 设计一份求职简历，要求简历包括基本信息、教育背景、校园经历、工作技能、工作经历、自我评价等内容，如图 1-2-10 所示。

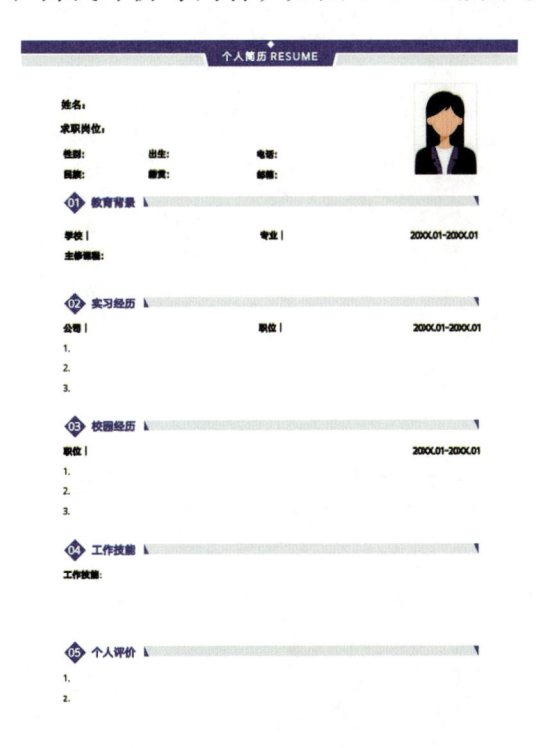

图 1-2-10 求职简历模板

实训评价

评估内容			
序号	考核项目		评分比例/%
1	实训内容	电商文案岗位认知 —— 能够梳理出电商文案岗位的工作技能 / 能够总结出电商文案岗位的工作能力	80
2	实训结果	实训结果书写认真、完整、页面整洁，实训收获较大	20
	合计		100
个人总结	编写个人的实训过程及收获，如在整个过程中的收获和心得体会等		

任务三　电商文案相关的法律法规认知

案例导入

2022年5月21日，奥迪小满的一则营销广告刷爆朋友圈。这则广告没有介绍某款车型，只是以小满为题，请著名影星讲了个人人生哲理。著名影星温情脉脉的讲述引发了网友广泛共鸣，被誉为广告营销的"清流""神作"。不过，很快事件反转。网名为"北大满哥"的网友在视频下评论，该广告视频文案几乎全篇抄袭其2021年发布的视频文案。5月22日，"北大满哥"晒出两个文案的对比视频，见表1-3-1。对比显示，"查重率"几乎99%。

表1-3-1　北大满哥与奥迪小满部分广告文案对比

北大满哥短视频文案	奥迪小满广告文案
	今天是二十四节气的小满
就比如小满这一天吧，确实挺奇怪的	但是有一件事情挺奇怪的
有小暑一定有大暑	有小暑一定有大暑
有小寒一定有大	有小寒一定有大寒
但是小满，一定没有大满	但是小满，一定没有大满

"北大满哥"称，这已经不是第一次被人从头到尾抄袭了，早在2021年3月，就有人通过抄袭在短视频平台骗取流量和收益。不过，他表示，这种从头到尾抄袭且全是内嵌广告的，结尾各种品牌露出，全网分发量好几个亿，还找了明星代言的商业广告，真的没见过。

2022年5月22日上午，涉事方一汽奥迪删除了此条广告，并发布声明，就事件中因监管不力、审核不严给著名影星、"北大满哥"及相关造成的困扰表达歉意。称该视频由创意代理公司提报并执行，已责成其尽快就所涉文案侵权情况进行处理，给公众一个满意答复。

在声明中，一汽奥迪表示，想借此机会再次重申对原创和知识产权保护的重视。每一个直击人心的创意背后，都是无数个日夜的厚积薄发。

【案例思考】
1. 奥迪小满广告文案违反了哪些法律法规？
2. 在进行电商文案创作时，为什么需要遵守法律法规？

知识储备

一、电商文案相关的法律法规

为了保护消费者的合法权益、维护企业形象、避免法律风险，电商文案的创作需要遵守行业相关的法律法规。电商文案相关的法律法规主要有以下几个。

（一）《中华人民共和国广告法》（简称《广告法》）

《广告法》对电商文案的规定主要包括以下几个方面。

①准确清楚：文案对商品的性能、功能、产地、用途、质量、成分、价格、生产者、有效期限、允诺等或者对服务的内容、提供者、形式、质量、价格、允诺等有表示的，应当准确、清楚、明白。

②真实明确：文案使用数据、统计资料、调查结果、文摘、引用语等引证内容的，应当真实、准确，并表明出处。引证内容有适用范围和有效期限的，应当明确表示。

③符合社会公德和商业道德：文案内容应当符合社会公德和商业道德，不得含有淫秽、色情、赌博、暴力、恐怖、种族歧视等不良内容，不得误导消费者。

④诚信可靠：在宣传产品或服务时，必须如实陈述其性质、功能、质量、价格等信息，不得夸大其优点或者隐瞒其缺陷。

⑤尊重消费者权益：在宣传产品或服务时，应当尊重消费者的知情权、选择权、安全权等权益，不得侵犯消费者的合法权益。

（二）《中华人民共和国网络安全法》（简称《网络安全法》）

《网络安全法》对于电商文案的规定主要包括以下几个方面。

①个人信息保护：文案中不能泄露、出售或者非法获取用户的个人信息，包括姓名、身份证号码、电话号码、地址等敏感信息。如果文案中的内容涉及用户个人信息的收集、处理和使用，必须遵守相关法律法规的规定，否则，可能会违反《网络安全法》的规定，构成违法行为。

②网络诈骗防范：文案中不能利用虚假宣传、恐吓威胁等手段进行网络诈骗活动。例如，虚假承诺、虚构赠品等行为都可能构成网络诈骗，需要遵守《网络安全法》的规定。

③网络安全提示：文案中可以包含一些网络安全提示，例如如何防范网络钓鱼、如何保护个人账户安全等。这些提示可以帮助用户提高网络安全意识，避免受到网络攻击的侵害。

（三）《中华人民共和国电子商务法》（简称《电子商务法》）

《电子商务法》对电商文案的规定主要包括以下几个方面。

①真实准确：内容必须真实、准确，不得虚假宣传或误导消费者。创作者应当对其发布的内容负责，并承担因内容引起的法律责任。

②合法合规：必须遵守法律法规，不得含有违反法律、行政法规的内容，如涉及淫秽、暴力、恐怖等内容。

③明确性：必须明确标注商品或服务的名称、价格、产地、规格、性能等信息，不得进行虚假或者引人误解的宣传。

④诚信：在发布文案时，必须遵守商业道德和诚信原则，不得采用欺骗、误导等不正当手段吸引消费者。

⑤保护消费者权益：必须尊重消费者的合法权益，不得侵犯消费者的隐私权、知情权等权利，同时要提供有效的售后服务。

（四）《中华人民共和国知识产权法》（简称《知识产权法》）

《知识产权法》对电商文案的规定主要包括以下几个方面。

①合法：文案中使用的商标必须符合商标法的规定，即具有显著性、可区分性和合法性。如果文案中使用的商标与他人的商标相同或近似，可能会侵犯他人的商标权，从而引发侵权纠纷。

②经过授权：文案中的文字、图片、音频、视频等内容都属于著作权保护范围。如果广告文案中的内容未经授权就使用了他人的著作权作品，可能会侵犯他人的著作权，从而引发侵权纠纷，因此，文案所使用的的内容需要有授权。

③真实：文案中的一些虚假的词语、图片、标志等可能会误导消费者，使他们产生错误的认识，从而导致不正当竞争行为。例如，虚假宣传、夸大产品性能等，因此，要确保文案内容的真实性。

④专利保护：文案中涉及的产品或技术具有专利权保护，那么在文案中使用这些专利权内容时，必须符合相关法律法规的规定，否则，可能会侵犯他人的专利权。

（五）《中华人民共和国反不正当竞争法》（简称《反不正当竞争法》）

《反不正当竞争法》对于电商文案的规定主要包括以下几个方面。

①真实准确：文案中的内容必须真实、准确，不得夸大产品或服务的优点或者隐瞒其缺陷。如果文案中的宣传内容与实际情况不符，可能会误导消费者做出错误的决策，构成虚假宣传行为。

②禁止抄袭竞争对手的广告语：文案中不能直接复制竞争对手的广告语或标志，否则，可能会侵犯竞争对手的知识产权，构成不正当竞争行为。

③禁止诱导消费者进行不合理的交易：文案中的内容不能诱导消费者进行不合理的交易，例如强制搭售、限制选择等行为，否则，可能会损害消费者的利益，构成不正当竞争行为。

④禁止扰乱市场秩序：文案中的内容不能扰乱市场秩序，例如恶意攻击竞争对手、诋毁他人声誉等行为，否则，可能会损害市场竞争的公平性，构成不正当竞争行为。

（六）《中华人民共和国消费者权益保护法》（简称《消费者权益保护法》）

《消费者权益保护法》对于电商文案的规定主要包括以下几个方面。

①真实宣传：文案中的内容必须真实、准确，不得夸大产品或服务的优点或者隐瞒其缺陷。如果文案中的宣传内容与实际情况不符，可能会误导消费者做出错误的决策，损害消费者的合法权益。

②明确标识：文案中必须明确标注产品的性质、规格、价格等信息，不得隐瞒重要事实，欺骗消费者。例如，文案中不能使用虚假的"最佳""最优惠"等词语，否则，可能会构成虚假宣传行为。

③不得强制搭售：文案中不能强制要求消费者购买其他商品或服务，否则，可能会侵犯消费者的选择权和自主权。例如，文案中不能直接附带销售保险、贷款等附加条件，否则，可能会违反消费者权益保护法的规定。

④保障安全：必须保障消费者的安全利益，不得涉及危害人身健康、危及生命安全的产品或服务。例如，文案中不能宣传未经严格检测的药品、食品等产品，否则，可能会损害消费者的健康和安全。

二、各大电商平台对电商文案的相关规定

电商文案创作人员需要遵守各大电商平台对电商文案的相关规定，以确保文案内容符合法律法规和平台要求，同时也能够吸引消费者的注意力并促进销售。以下是各大电商平台对于电商文案的相关规定。

不能触碰法律红线

（一）淘宝

淘宝平台对于商品文案描述规则主要有以下几个方面。

①完整性：为保证买家更全面地了解商品，购买商品时拥有充分知情权，卖家应在发布商品时完整明示商品的主要信息，包括但不限于：商品本身（基本属性、规格、保质期、瑕疵等）、品牌、外包装、发货情况、交易附带物等。

②一致性：商品的描述信息在商品页面各版块（如商品标题、主图、属性、详情描述等）中应保证要素一致性。

③真实性：卖家应根据所售商品的属性如实描述商品信息，并及时维护更新，保证商品信息真实、正确、有效；不得夸大、过度、虚假承诺商品效果及程度等。

④合法合规性：不得发布违反《淘宝平台违禁信息管理规则》《淘宝平台交互风险信息管理规则》《淘宝网市场管理与违规处理规范》等规则的商品或信息。

（二）京东

京东平台对于商品文案描述规则主要有以下几个方面。

①详情页页面、店铺 banner 上不允许出现其他购物网址的链接或提示，不允许出现商家自有的客服、销售电话及售后服务电话（经 VP 审批同意的除外）、网址等联系方式以及商家实体店等相关信息。

②不得出现"宝贝详情、××最低、包邮、收配送费（经 VP 审批同意的除外）、严重性错别字、正品、行货、××第一、保真"，以及商家描述出现"本公司……"话术、黄色用语、反动等政治敏感性用语等不符合京东用语大环境的词语。

③有京东独家、京东首发等信息的，必须由商家出示相关证明文件才可使用。

④不得出现虚假、夸大等与产品信息不一致的用语，如：保健品有药效，衣服材质仿丝写成真丝等。

⑤文案要精练、语意明确、有营销理念、有亲和力、创意新颖，不能出现歧义、虚假信息或表述不清等不规范语言。

（三）抖店

抖音店铺对于商品文案描述规则主要有以下几个方面。

①完整性：应根据销售商品的实际属性输入基本信息，及时维护，确保主要信息真实、正确、有效。

②真实性：商品的实际效果必须如实说明，不得包含虚假夸张的内容，不得涉及疾病预防、治疗等效果说明，不得显示真实效果，不得出现比较图。说明内容必须与国家认可的实物外包装说明信息内容一致。

③一致性：商品说明信息必须保证产品页面各版本（产品标题、主图、推荐语、详细说明等）的一致性。

④合法合规性：在任何情况下，文案内容首先要确保没有违规行为，严格遵守《抖音店铺管理规则》，决不能违反规则。

（四）拼多多

①商家应当严格遵守相关法律法规及平台规则的规定，不得发布法律法规或平台规则禁止出售的商品或禁止发布的信息，不得侵害平台及任何第三方的合法权益，包括但不限于知识产权、物权、债权等。

②商家应当按照拼多多平台相关管理要求、商家后台系统流程及相关国家标准、行业标准发布商品或信息，对商品本身（基本属性、规格、保质期、瑕疵等）、品牌、外包装、发货情况、交易附带物等情况进行真实、准确、完整的描述。

③商家应在商品描述中对商品进行文字拓展介绍，对商品的基本属性、规格、保质期、瑕疵、品牌、外包装、交易附带物等情况进行真实、准确、完整的描述。

④不得出现下列违规关键词：

·价格敏感词，包括但不限于：跳楼价、劲爆价、血价、亏本甩卖、卖价、空降价、恐怖价、底价、吊牌价、有奖销售、还本销售、自杀价、倒闭价等。

·营销敏感词，包括但不限于：特供、代购、镇店之宝、大促、万人好评、批发、秒杀、清仓、全网第一、销量第一、第一、网络爆款、全网首发、同款等。

·绝对化用语，包括但不限于：国家级、最高级、顶级、一流、唯一、第一、最佳、最新、最先进等。

·功效敏感词，包括但不限于：防癌、抗癌、抗衰、返老还童、祛病、避凶、辟邪、神丹等。

·其他可能违反《中华人民共和国广告法》《反不正当竞争法》等法律法规及相关平台规则之规定的关键词。

⑤不得出现与所发布商品无关的信息，例如：

·除拼多多以外的其他电商平台或网站，或者线下店铺的任何信息。

·与商品无关的异常字符串，如长串数字、网址等。

项目一　走进电商文案

⑥不允许出现明示或暗示贬低拼多多平台其他商品或商家，或者其他电商平台或网站的信息。

⑦不允许出现过期的促销信息，周年庆等活动结束后，应及时删除相关的营销词汇。

想一想

各大电商平台出台的各项关于电商文案的规定有什么相似之处？

任务实施

任务背景

"六一儿童节"即将来临，王斌所在的店铺想要在拼多多发布一些零食，同事初步拟写了一些与零食相关的文案，但是王斌对文案是否符合拼多多平台要求还不太确定，因此他需要对这些文案内容进行审核，标记出违规词语，并进行修改，确保所有零食文案都能够在拼多多平台成功发布，见表1-3-2。请根据拼多多平台关于电商文案的相关规定，帮助王斌完成零食文案的审核与修改工作。

表 1-3-2　零食文案

序号	零食文案
1	全麦面包，抗饿饱腹，全网销量第一
2	反脂肪酸豆乳餐包，采用顶级纳豆，吃得放心
3	酸辣无骨鸡爪，Q弹爽脆，清仓秒杀
4	嘉华鲜花饼，手工现做，现烤现发，绝对是让你忘不了的味道
5	爆珠乳酸菌果冻，酸甜可口，淘宝同款
6	千层山药糕，采用绝佳山药食材，养胃养气血
7	全网爆款跳跳糖，入口即化，根本停不下来

任务操作

完成零食文案的审核和修改，可参照如下步骤。

步骤1：零食文案审核

王斌在电商文案岗位实习了三个月，对相关电商平台对于电商文案的规定有了一定的认识。请根据所学知识，完成零食文案的审核，找到违反拼多多平台关于商品文案的

电商文案策划

词语，并完成表 1-3-3 的填写。

表 1-3-3 零食文案审核

序号	零食文案	违规词语
1	全麦面包，抗饿饱腹，全网销量第一	
2	反脂肪酸豆乳餐包，采用顶级纳豆，吃得放心	
3	酸辣无骨鸡爪，Q弹爽脆，清仓秒杀	
4	嘉华鲜花饼，手工现做，现烤现发，绝对是让你忘不了的味道	
5	爆珠乳酸菌果冻，酸甜可口，淘宝同款	
6	千层山药糕，采用最佳山药食材，养胃养气血	
7	全网爆款跳跳糖，入口即化，根本停不下来	

步骤2：零食文案修改

完成零食文案的审核和违规词语的标记后，王斌需要对相关零食文案进行修改，确保所有的零食文案都符合拼多多平台的规则。请根据所学知识，帮助王斌完成零食文案的修改工作，将修改后的零食文案填写在表 1-3-4 中。

表 1-3-4 零食文案修改

违规零食文案	修改后的零食文案

任务思考

通过以上操作，完成了零食文案审核和修改的实训操作，请在此基础上，进行思考并回答：

了解各大电商平台对于电商文案的相关规定，对于电商文案策划人员有什么作用？

_____

_____

_____

任务评价

按照客观、公正和公平的原则，在教师的指导下按自我评价、小组评价和教师评价三种方式对自己或他人在本任务学习中的表现进行综合评价。学习任务综合评价表见表1-3-5。

表1-3-5　学习任务综合评价表

考核项目	评价内容	配分	评价分数 自我评价	评价分数 小组评价	评价分数 教师评价
职业素养	具备法律意识和规则意识	10			
职业素养	具备洞察能力和分析能力	10			
专业能力	能够根据相关法律法规及各大电商平台的相关规定，对商品文案进行审核	30			
专业能力	能够根据相关法律法规及各大电商平台的相关规定，对商品文案进行修改	30			
任务成果	任务成果符合任务要求	10			
任务成果	任务成果完成质量	10			
总分		100			
总评	自我评价×20%+小组评价×20%+教师评价×60%=	综合评分			

同步实训

请你搜集近几年最新出台的违规广告词，对其进行分类汇总，每种违规词类型填写3~5个相关违规词，完成表1-3-6的填写。

表1-3-6　违规词类型及违规词语

违规广告词类型	违规广告词
例：1. 禁止与"最"有关的词语	最佳、最好、最受欢迎、最先进

实训评价

评估内容			
序号	考核项目		评分比例 /%
1	实训内容	违规广告词识别	能够梳理出违规广告词的类型	80
			能够整理出违规广告词	
2	实训结果	实训结果书写认真、完整、页面整洁，实训收获较大		20
合计				100
个人总结	编写个人的实训过程及收获，如在整个过程中的收获和心得体会等		

职业视窗

发挥创新精神，让电商文案在创新创作中闪闪发光

创新一直是推动我国政治、经济、科技、教育、文化发展的内驱动力。党的二十大报告中指出："我们要坚持创新驱动发展战略，开辟发展新领域新赛道，不断塑造发展新动能新优势。"

近年来，随着电子商务的高速发展，网络商务已经成为人们购物的主要方式，网店商家为了吸引更多的消费者，不仅注重把控产品品质，更加注重对产品文案的创作。好的文案能够让消费者通过文案就能立刻了解产品基本特点或加深消费者品牌名称的记忆，例如，一提到文案"水中贵族"，大家就能立刻想到"百岁山"，一提到"你本来就很美"，大家就能立刻想到"自然堂"，一提到"只买对的，不买贵的"，大家就能立刻想到"雕牌"……这些文案的影响力为产品或品牌带来了巨大的流量和销量。因此，文案创作对于网店商家的重要性不言而喻。好的电商文案可以辅助视觉设计，解决电子商务的流量问题和转化问题。优秀的电商文案可以提升产品的价值，促进销售，同时还可以提升店铺的信任度，增强品牌力。

然而，随着时代的发展，大众对于新事物的接受速度也越来越快，审美水平及要求

不断提高，电商文案的创作如果只是墨守成规，则会很快被大众抛弃，被时代淘汰。因此，电商文案的创作要时刻保持创新。习近平总书记曾多次提到："只有创新才有发展，只有发展才有出路。创新是一个民族发展进步的灵魂精神，是一个国家兴旺发达的不竭动力。"无论什么时候，都要增强创新意识，发挥创新精神，不断为工作注入创新动力。

作为新时代的电商文案创作者，要不断增强自身的学习能力，提升知识储备，还要拥有一双敏锐的慧眼，时刻从生活中发现创新的闪光点，在文案的创作中发挥创新精神，始终坚持和弘扬党的二十大精神——自信自强、守正创新、踔厉奋发、勇毅前行，让电商文案在创新创作中闪闪发光，在创新创作中永葆新的生命力。

项目二 店招文案策划

学习目标

【知识目标】

1. 认识店招文案的定义、类型和作用；
2. 理解店招文案的写作要点及方法；
3. 熟悉店招文案的排版设计。

【能力目标】

1. 能够根据店招文案的写作要点及写作方法，完成店招文案的策划；
2. 能够根据店招文案排版设计的方法，完成店招文案的排版设计。

【素养目标】

具备创新思维和创意表达能力，能够策划并设计店招文案，以独特的方式吸引目标受众的注意。

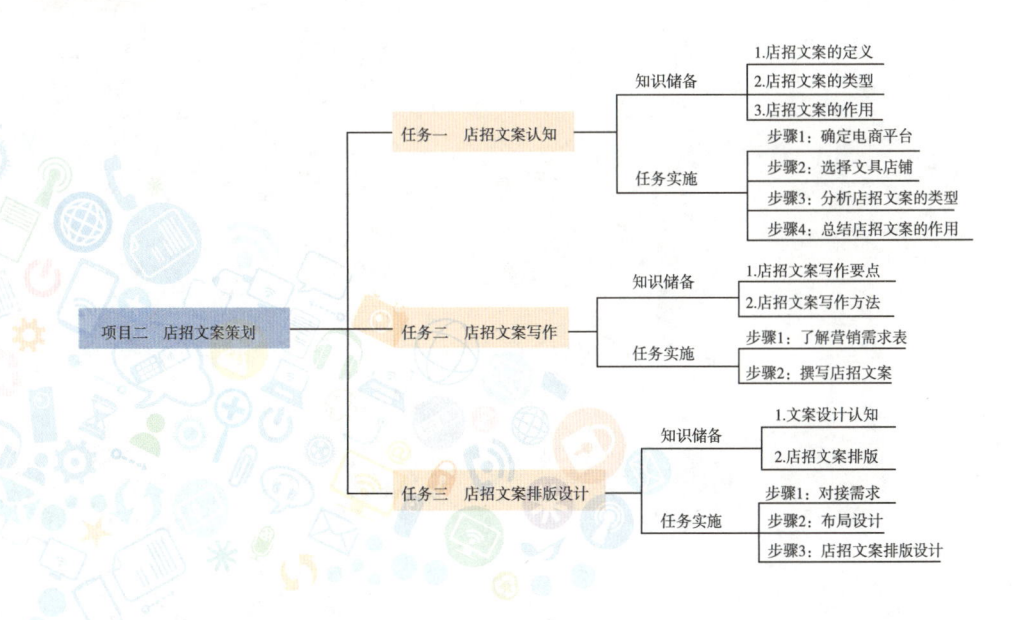

学习导图

项目二 店招文案策划
- 任务一 店招文案认知
  - 知识储备
    - 1. 店招文案的定义
    - 2. 店招文案的类型
    - 3. 店招文案的作用
  - 任务实施
    - 步骤1：确定电商平台
    - 步骤2：选择文具店铺
    - 步骤3：分析店招文案的类型
    - 步骤4：总结店招文案的作用
- 任务二 店招文案写作
  - 知识储备
    - 1. 店招文案写作要点
    - 2. 店招文案写作方法
  - 任务实施
    - 步骤1：了解营销需求表
    - 步骤2：撰写店招文案
- 任务三 店招文案排版设计
  - 知识储备
    - 1. 文案设计认知
    - 2. 店招文案排版
  - 任务实施
    - 步骤1：对接需求
    - 步骤2：布局设计
    - 步骤3：店招文案排版设计

学习计划

学习任务	目标计划	实施计划
店招文案认知		
店招文案写作		
店招文案排版设计		

项目导入

　　李莉是一家电商公司文案策划岗位的员工，目前公司需要开设一个新的文具网店，领导安排李莉策划店铺的店招文案。为了成功地策划出优质的店招文案，李莉需要对店招文案进行全面的认知，在这个过程中，她需要了解店招文案的定义、类型及作用，熟悉店招文案写作的要点及方法，掌握店招文案设计排版的流程，并顺利完成店招文案的排版设计。

项目二　店招文案策划

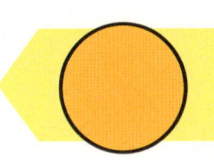

任务一　店招文案认知

案例导入

"八马茶业"是中国茶叶连锁领先品牌，是由非遗技艺传承人创立的品牌。该品牌以弘扬中国茶文化，以"让天下人享受茶的健康与快乐"为使命，为用户提供中国原产地好茶，连续6年入选"中国品牌价值500强"。在线上渠道，"八马茶业"已陆续入驻各主流电商平台如京东、淘宝等，并连续8年双十一蝉联天猫全网乌龙茶类目销量冠军。2021年品牌价值178.77亿元。2021年4月，八马茶业入选"新华社民族品牌工程"。

八马茶业之所以能从线上各大茶叶品牌中脱颖而出，其中大部分原因在于店招文案十分有特点，如图2-1-1所示。

图2-1-1　八马茶业店招文案

"认准这匹马　好茶喝八马"。这句店招文案十分押韵，读起来朗朗上口，使得整个店招文案更加易记、易传播。同时，店招文案简洁明了，只有两句话，易于用户理解。除此之外，强调了产品品质，"认准这匹马"这句话暗示该店的产品品质是有保证的，让用户放心购买。店招文案的独特表达方式，与众不同，给用户留下了深刻品牌印象。

【案例思考】

1. 简述八马茶业的店招文案是如何吸引用户注意力的。
2. 店招文案对于企业在线上渠道发展具有哪些作用？

知识储备

一、店招文案的定义

网店店招是位于网店店铺最上方用于传递、展示店铺主要信息和特色的页面版块，通常包括店铺 LOGO、店铺宣传语、产品信息和活动信息等元素，是商家向用户传递信息、吸引用户的重要手段之一。

店招文案作为店招的构成要素之一，主要是指店招上的各类文字信息，用于传递和展示店铺的关键信息，包括店铺的宣传语、产品信息、活动信息等。店招文案的主要作用是让消费者能够快速了解店铺的主要信息，并引导用户到店内各个页面进行产品的浏览和购买，从而实现为店铺相关页面和产品导流的目的。

二、店招文案的类型

店招文案可以通过简短、生动、有趣的文字内容来吸引用户进入网店，增加产品的曝光率和销售量。常见的店招文案分为产品类店招文案、活动类店招文案和品牌类店招文案三种类型。

（一）产品类店招文案

产品类店招文案是指针对某个产品或产品系列设计的文案。其目的是突出该产品的特点和价值，从而提高产品的辨识度和购买率。

图 2-1-2 所示是华为京东自营官方旗舰店的店招文案。从店招文案中可以看出，华为 Mate50 系列和 P60 系列都是华为主推的手机产品。

图 2-1-2 华为店招文案

Mate50 系列强调的是"领势而上"，暗示这款产品具有领先的技术、设计和性能。其中，"领势"一词表明该系列产品具备先进的技术和设计，能够引领市场潮流，满足用户对高品质、高性能手机的需求。此外，"而上"则表示该系列产品不断提升，不断演化，不断超越自我，可以为用户带来更加出色的使用体验，适合那些渴望追求极致体验的用户群体。

而 P60 系列则强调"万境生辉"，突出了该系列产品在摄影和视觉方面的优势。其中，

"万境"暗示了该系列产品可以应用于各种场景中,从而实现多种拍摄效果,并可以呈现出绚丽多彩的视觉效果。同时,"生辉"则传递出该系列产品在照片和视频质量方面的卓越表现,使用户能够记录精彩瞬间并分享给亲友。其适合喜欢记录生活和分享的年轻用户群体。

整个店招文案都非常简洁明了,同时对产品卖点进行高度概括,以此来吸引用户的注意力,传递出产品在性能、设计、摄影和视觉等多方面的优越性。同时,这些店招文案也很好地体现了华为品牌所追求的高品质、高性能、高科技和不断创新的特点。

(二)活动类店招文案

活动类店招文案是指为了宣传某个促销活动而编写的文案,其目的是宣传促销活动,让用户了解促销活动的信息,吸引用户进店,从而提高点击率。

图2-1-3所示是洛川苹果京东自营官方旗舰店的店招文案。从店招文案中可以看出,文案内容都是为围绕洛川苹果品牌宣传和促销活动进行推广,具有强烈的活动宣传性质。

图2-1-3 洛川苹果店招文案

首先,"深受国人喜爱的苹果"是对洛川苹果的品牌宣传,这句宣传语彰显了该品牌苹果的影响力,从侧面说明了该品牌苹果的品质优良,从而达到充分激发用户购买兴趣的目的。

其次,"6.2斤[①]超大果 单果260g以上蓝妹妹礼盒装"的店招文案介绍了活动产品的包装、规格和品质。其中,"6.2斤超大果 单果260g以上"表明该产品规格较大,苹果个头大。而"蓝妹妹礼盒装"则传达了该产品是高端礼品,适合送给亲朋好友,具有一定的社交属性,增进情感交流。

再者,"4.5斤优级中大果 单果140g以上礼盒装"的店招文案,则是突出了该系列产品的中等规格和优良品质,价格相对更加亲民。其中,"优级中大果 单果140g以上"表明该产品的品质较高,从重量说明上让用户对苹果的大小形成更为客观、确切的认知。同时,"礼盒装"说明包装安全、美观,以增加消费体验。

综合而言,该店招文案采用了促销性的语言,传递出洛川苹果的品质、规格和社交属性。同时,这些店招文案也很好地体现了洛川苹果品牌所追求的高品质、高性价比、高健康价值和用户满意度的特点。

---

① 1斤=500克。

（三）品牌类店招文案

品牌类店招文案是指为了宣传品牌形象而编写的文案。其目的是强化品牌形象、塑造品牌个性，让用户对品牌产生认同感和好感度，从而提高用户对品牌的忠诚度。

图 2-1-4 所示是五芳斋的店招文案。从这个店招文案中可以看出，五芳斋是一家历史悠久的中华老字号，其专业制作的粽子技艺更是被列为国家级非物质文化遗产。

图 2-1-4　五芳斋店招文案

店招文案中既强调了自己的品牌实力，也突出了其制作粽子的专业水平和文化价值。其中，"五芳斋"是品牌名称，通过"中华老字号"这个词语的加持，进一步提升了品牌的信誉度和历史底蕴。而"五芳斋粽子制作技艺－国家级非物质文化遗产"则展现了品牌的专业性和文化内涵，让用户对五芳斋的粽子制作工艺和品质有更深刻的认知和信任。

整个店招文案简洁明了，突出重点，同时营造出一种历史悠久、文化传承的氛围，从而让用户愿意前来浏览并购买五芳斋的产品。

三、店招文案的作用

店招文案在网店营销中具有重要作用。商家可以通过店招文案提高店铺转化率和提高品牌知名度，从而获得更好的营销效果，帮助企业实现经营效益的增长。店招文案的作用主要包括传递店铺信息、引导消费和塑造店铺形象。

麻辣王子店招文案展示与分析

（一）传递店铺信息

店招文案的核心作用是向消费者传递店铺信息，包括店铺名称、品牌信息、产品信息和活动信息等。这些信息能够帮助消费者快速了解店铺的基本情况和特点，形成对店铺的初步认知。通过这些信息，消费者可以更好地判断店铺产品是否符合自己的需求，从而确定是否继续浏览该店铺的其他页面。

（二）引导消费

店招作为网店中营销宣传推广的主要"阵地"之一，承担着店铺品牌或产品推广、活动宣传、活动信息通知等主要任务。在店铺店招上放置产品及产品文案，可以让消费者在不浏览其他页面的情况下，快速了解店铺产品的信息，可以帮助消费者快速做出消

费决策。同理，在店铺店招上放置活动信息，可以让消费者快速了解活动信息，快速做出消费决策。

（三）塑造店铺形象

一个好的店招文案可以帮助商家塑造店铺形象。商家可以在店招文案中强调自己的店铺特点，如产品质量、服务水平等，让用户认可和信任自己的店铺。商家还可以在店招文案中强调自己的企业文化、社会责任等方面，塑造店铺形象，让用户对品牌形象产生好感，从而提高用户的忠诚度。

任务实施

任务背景

为了更加深入地了解店招文案，李莉决定通过主流电商平台浏览不同电商平台文具店铺的店招，分析不同店铺的店招文案类型，了解店招文案对店铺的重要作用，为后续店招文案的写作及设计排版奠定基础。同时，通过分析其他店铺的店招文案，李莉可以了解行业中常见的店招文案类型，从中选取适合文具店铺不同应用场景的店招类型，最终提高店铺的知名度和销售额。

任务操作

完成文具店铺店招文案的认知，可参照如下步骤。

步骤1：确定电商平台

在认知店招文案前，首先要确定浏览的电商平台，如淘宝、京东、拼多多等。不同平台上的店招文案风格和类型可能有所不同，请依据自身的需求，选取较为符合的两个电商平台，并将相关内容填写在表2-1-1中。

表 2-1-1　确定电商平台

电商平台名称	选择原因

步骤2：选择文具店铺

在确定电商平台后，需要在选定的电商平台上选择不同的文具店铺进行浏览和分析。在选择文具店铺时，可以从排名靠前的店铺开始，也可以根据自己的喜好和需求进行筛选。请在两个电商平台各筛选出五家店铺，并将相关内容填写在表2-1-2中。

表 2-1-2　选择文具店铺

电商平台名称	店铺名称

步骤3：分析店招文案的类型

常见的店招文案类型包括产品类店招文案、活动类店招文案及品牌类店招文案，对于每个选定的文具店铺，需要仔细分析其店招文案的类型，请将相关内容填写在表2-1-3中。

表 2-1-3 分析店招文案的类型

电商平台名称	店铺名称	店招文案	店招文案类型分析

步骤4：总结店招文案的作用

完成对不同文具店铺店招文案的分析之后，对店招文案的作用进行思考。请归纳店招文案对网店的重要作用，并写在下方横线上。

_____
_____
_____

任务思考

通过以上操作，完成了店招文案认知的实训操作，请在此基础上进行思考并回答：分析不同类型店招文案的特点，以及它们适用的场景和目的。

电商文案策划

_____

_____

_____

任务评价

按照客观、公正和公平的原则，在教师的指导下按自我评价、小组评价和教师评价三种方式对自己或他人在本任务学习中的表现进行综合评价，学习任务综合评价表见表2-1-4。

表 2-1-4　学习任务综合评价表

考核项目	评价内容	配分	评价分数		
^	^	^	自我评价	小组评价	教师评价
职业素养	具备创新意识或原创精神	10			
^	具备洞察能力和分析能力	10			
专业能力	能够识别店招文案的类型	20			
^	能够正确认识店招文案的作用	30			
任务成果	任务成果符合任务要求	15			
^	任务成果完成质量	15			
	总分	100			
总评	自我评价 ×20%+ 小组评价 ×20%+ 教师评价 ×60%=	综合评分			

同步实训

某文具店铺的产品上新，老板让网店美工人员设计好了此次产品上新的店招文案，如图2-1-5所示，请根据所学知识，分析该店招文案的类型、特点、适用场景及目的，并完成表2-1-5的填写。

图 2-1-5　某文具店铺店招文案

表 2-1-5　分析店招文案

店招文案类型	特点	适用场景	目的

实训评价

<table>
<tr><th colspan="4">评估内容</th><th rowspan="2">评分比例 /%</th></tr>
<tr><th>序号</th><th colspan="3">考核项目</th></tr>
<tr><td rowspan="4">1</td><td rowspan="4">实训内容</td><td rowspan="4">分析店招文案</td><td>能够分析并总结出店招文案的类型</td><td rowspan="4">80</td></tr>
<tr><td>能够分析并总结出店招文案的特点</td></tr>
<tr><td>能够分析并总结出店招文案的适用场景</td></tr>
<tr><td>能够分析并总结出店招文案的目的</td></tr>
<tr><td>2</td><td>实训结果</td><td colspan="2">实训结果书写认真、完整、页面整洁，实训收获较大</td><td>20</td></tr>
<tr><td colspan="4">合计</td><td>100</td></tr>
<tr><td rowspan="2">个人总结</td><td colspan="4">编写个人的实训过程及收获，如在整个过程中的收获和心得体会等</td></tr>
<tr><td colspan="4"></td></tr>
</table>

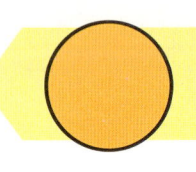

任务二　店招文案写作

案例导入

"蓝月亮"是国内一个知名的清洁用品品牌,产品品类涵盖了洗衣液、洗手液、洗洁精等多个系列,其核心产品为洗衣液。"蓝月亮"在产品研发和生产方面非常注重创新与品质,拥有一支实力雄厚的研发团队和高效的现代化生产线。同时,蓝月亮积极推广环保理念,致力于开发更环保、更低碳、更节能的清洁产品。通过不断地创新,蓝月亮已经成为国内市场上最畅销的洗衣液品牌之一。

"深层洁净,强效去污"是蓝月亮品牌的核心卖点之一,这也是其在清洁用品市场上取得成功的重要原因之一。该品牌在网店店招文案策划中,重点强调产品的洁净能力,让用户对产品的洁净效果产生信任感,同时突出自己的品牌形象,例如通过配色、字体等方式彰显品牌的专业性和可靠性,从而提高用户对品牌的信赖度。除此之外,该品牌在店招文案中还利用具体数据来证明品牌实力,以此增强说服力,从而使用户产生强烈的信任感,并且促使他们购买蓝月亮的产品,如图2-2-1所示。

图2-2-1　蓝月亮店招文案

【案例思考】

1. 蓝月亮店招文案写作的核心要点是什么?
2. 蓝月亮是如何借助店招文案提高用户对品牌的信赖度的?

知识储备

一、店招文案写作要点

店招文案是商家用来吸引用户注意、促进产品销售的重要手段之一。好的店招文案不仅能够吸引用户的目光，还能够让用户对产品或服务产生兴趣，从而提高店铺产品的转化率。店招文案写作要点主要包括以下内容：

（一）简洁明了

店招文案撰写的关键是简短、易懂，能够迅速传递信息，引起目标用户的兴趣和共鸣。因此，在写店招文案时，一定要注意减少冗余的词语和信息，保证内容简单明了，容易理解。有时候，一两个简短的字词就可以表达出产品或服务的特点和优势，这样更容易被用户接受和记住。

（二）突出卖点

突出店铺或产品的特色和优势是店招文案写作的重点之一。无论是新品推广还是优惠促销，都需要在店招文案中明确表达出卖点，让用户感到这里有自己需要的产品或服务。比如，在写服装店招文案时，可以强调品牌的设计理念和潮流趋势，让用户从品牌格调中对产品风格建立一定的认知，从而提高购买意愿。

（三）创意独特

创造性地运用类比、比喻、幽默等手法，使文案更富有吸引力和趣味性，加深用户对店铺的印象。采用生动形象的词语和表述方式，可以让店招文案更加生动有趣，容易被用户记住和传播。如果一个店招文案语言单调、枯燥无味，很难引起用户的关注和兴趣。因此，在写店招文案时，可以运用一些比喻、夸张、对比等修辞手法，增强文案的感染力和吸引力。

（四）与品牌相符

一个成功的品牌形象，不仅能够让用户产生好感和认同，还能够加强用户与品牌之间的情感联系，形成传播。如果店招文案与品牌不符，可能会让用户对品牌产生困惑或误解，从而影响品牌形象的建立和销售业绩的提升。因此，在撰写店招文案时，需要与品牌形象相符，彰显品牌风格与特色，增强品牌的吸引力和竞争力。

二、店招文案写作方法

店招文案是商家展示品牌的形象、宣传店铺特色、促进产品销售的重要手段之一。对于商家而言，好的店招文案可以提高店铺的知名度和销量。常用店招文案写作方法包括以下几种。

（一）独特优势法

独特优势法指商家可以通过突出商品或服务的独特特点和优势来吸引消费者的注意力并提高他们的购买意愿。商家可以通过极具个性化的定位、服务、专业技术或经验等方面来表现自己的特点，展示独特的产品、特别的促销活动和高效的物流配送等独有的优势，增强消费者对产品的购买信心和决策。

例如："24 小时配送到家，随叫随到""数百款定制款插画设计图，轻松打造你的专属生活美学"，能够让消费者感到商家提供了丰富多样、独具特色的产品和个性化服务。这样的店招文案不仅能引起潜在消费者的兴趣，增加他们的购买欲望，同时也有利于提高网店的销售转化率。但商家需要确保所提供的服务真实可靠，遵循与传播相符的承诺，如配送时效、定制流程及作品质量等。只有为消费者提供更好的服务体验和更优质的产品，才能持续获得消费者的支持，提升消费者忠诚度，进一步拓展业务规模。

（二）具体数字法

具体数字法指商家可以通过具体的数字、数量化描述和数据来展现商品特点、优势和促销信息。充分利用具体数字法可以有效地吸引消费者的注意力，并提高其购买意愿和决策效率。商家通过在店招文案中使用具体数字法来展示商品的销量和评价，能够有效增强消费者的购买信心。

例如："该商品已经售出了 10 000 件，8 000+ 条好评"，在店招文案中使用具体数据，如该商品已售出多少件和获得了多少好评等信息，能够让潜在消费者感知到产品在市场上的广泛认可和消费者口碑的支持，提高了消费者对商品的信任度和好感度。但商家务必确保所提供的数据真实可靠，避免虚假宣传误导消费者的行为。这样的描述能增强消费者对商品的信任感和购买欲望，同时也有效地提高网店的销售转化率。

（三）情感共鸣法

情感共鸣法指商家通过抓住潜在消费者的需求和诉求，运用感性化的语言方式和正面情感的表达，引起潜在消费者的共鸣和认同，从而增加潜在消费者的购买欲望和行动。具体而言，情感共鸣法注重从消费者的角度出发，深入了解他们的需求和心理状态，掌握他们诉求的痛点，挖掘其价值观念和情感需求，针对性地进行描述和引导，并创造正

面的情感体验，让潜在消费者产生信任和认可，最终促成消费行为的实现。

例如，"我们提供不一样的文艺书籍，愿与知音共阅读共品味"。在店招文案中使用"不一样的文艺书籍"这个形容词短语，强调了自己网店的特色和产品类别，紧接着利用"与知音共阅读共品味"这个响亮的口号，再次引起了潜在消费者对于精神层面上的需求与期待的关注。而在具体描述产品时，则加入了营销元素，在保持简单明了的前提下，充分挖掘了每本书籍背后独特的文化故事和价值，从而产生了更为深入和积极的传播效果。这样的文案和图片设计，不仅能够有效地提高店铺曝光率和转化率，更可以增加消费者对品牌的认知度和忠诚度。

（四）创意吸引法

创意吸引法是指商家通过使用创新和有趣的语言表达方式、图文结合以及排版等手段来吸引潜在消费者的注意力。这种方法可以让店招在众多商家中脱颖而出，提高品牌的辨识度和产品销量。比如使用幽默、生动的语言，可爱的插画，艺术字体等来增加阅读乐趣，或用引人入胜的描述以及促销推荐等方式来打动消费者的心，从而实现店铺推广和宣传效果的最大化。

例如，"嘴巴也要幸福！让美味感染你的心"，同时配上诱人的图片以及可爱的糖果图标，从而吸引更多的消费者进入该网店购买糖果。针对不同场景和节日，可以设计出不同的主题和风格的店招文案与图片。比如，在春节期间，商家可以采用"喜迎新年"主题来打造欢乐、热闹的氛围，同时结合相关的促销活动和产品推荐，以激发消费者的兴趣和购买意愿，从而提升产品销量。此外，在其他的特殊节日或活动期间，商家也可以采用不同的主题和风格，丰富店铺的内容和形式，与时俱进地增强品牌的活力，吸引更多潜在消费者进入网店选购商品。

在撰写店招文案和设计图片时，还需要注意避免使用错别字和语法错误等问题，以及避免使用含有歧视性、低俗恶俗等不当言论和图像。只有准确、严谨地传递店铺信息，营造好感和情感共鸣，并且注重语言和形式的完美呈现，才能更好地提高店铺曝光率和宣传效果，实现产品销售的最大化。

任务实施

任务背景

在全面认知店招文案的基础上，李莉需要结合店铺的"6·18"大促活动。在撰写店招文案内容时，李莉需要认真分析运营人员提供的电商文案需求信息，包括品牌信息、

电商文案策划

产品的信息及活动信息等。在深入了解、分析电商文案需求之后，李莉还需要整理出相关的信息，从而有针对性地设计出店招文案，提升用户体验和店铺的业绩，为店铺带来更多的用户和收益。请你按照店招文案写作的流程，帮助李莉完成此次新品推广活动主图文案的撰写。

任务操作

完成文具店铺店招文案的写作，可参照如下步骤。

步骤1：了解营销需求表

在撰写店招文案之前，首先需要与运营人员对接需求，了解推广的品牌信息、产品信息、目标人群、活动信息等。通过充分了解营销需求，进而准确定位文案写作重点和呈现方式，以便吸引并激发潜在用户的兴趣和关注。

李莉所在企业主要经营文具类产品，品牌理念为"用心做好笔"。此次"6·18"大促活动主要推广新款的按动式直液笔、本色护眼A4纸。通过与运营人员沟通，李莉了解到，在撰写新款产品的店招文案时，需要以产品基本属性为基础，体现详细的活动信息，并进一步打造品牌形象。其中，运营人员提供的产品基本信息见表2-2-1。

表2-2-1　文具产品信息表

品牌信息	目标人群	产品信息	活动信息
店铺名称：小明同学文具旗舰店 品牌理念：用心做好笔	小学生 初中生 大学生	1. 产品名称：钢笔、胡萝卜橡皮擦 2. 产品类别：文具	1. 活动时间：6月18日 2. 活动方式：新品促销，买赠

步骤2：撰写店招文案

分析完店招文案需求之后，李莉需要进一步撰写店招文案。在撰写店招文案时，需要简明扼要、突出卖点、需求导向、强调差异，以吸引用户的注意力并促进购买。"6·18"大促活动在即，李莉结合店招文案写作要点，选择运用具体数字法，根据品牌信息、产品信息及活动信息等，对文具的店招文案进行构思与撰写，最终将其确定为：钢笔（买10支送3支考试专用笔，RMB：9.72）胡萝卜橡皮擦（买1支送1支，RMB：6.66）。

任务思考

通过以上操作，完成了店招文案写作的实训操作，请在此基础上进行思考并回答：如

何在店招文案中突出产品的特点和优势?

_____

_____

任务评价

按照客观、公正和公平的原则,在教师的指导下按自我评价、小组评价和教师评价三种方式对自己或他人在本任务学习中的表现进行综合评价,学习任务综合评价表见表2-2-2。

表 2-2-2 学习任务综合评价表

考核项目	评价内容	配分	评价分数		
			自我评价	小组评价	教师评价
职业素养	具备创新意识或原创精神	10			
	具备洞察能力和分析能力	10			
专业能力	能够掌握店招文案写作要点及写作方法	20			
	能够完成店招文案的写作	30			
任务成果	任务成果符合任务要求	15			
	任务成果完成质量	15			
	总分	100			
总评	自我评价 ×20%+ 小组评价 ×20%+ 教师评价 ×60%=	综合评分			

同步实训

假设你是一家名为"星球玩具店"的网店老板,你需要设计一份店招文案,吸引年轻父母为他们的孩子选购玩具。相关店铺信息及店招写作要求见表2-2-3,请根据所学知识完成店招文案的写作,并填写在下方横线上。

表 2-2-3 店招文案写作

店铺名称	星球玩具店
优惠活动	全场低至五折
特色服务	免费送货上门
目标受众	年轻父母，希望为他们的孩子买到有趣、安全的玩具
写作要求	文案语言生动、简洁明了，能够吸引目标用户的注意力，并引导用户下单购买（提示：可借参考网络素材，发挥创意）

店招文案写作：

实训评价

序号	评估内容			评分比例/%
	考核项目			
1	实训内容	店招文案写作	能够详细了解店招文案的写作要求	80
			能够详细分析店铺的相关信息	
			能够根据相关要求完成店招文案的写作	
2	实训结果	实训结果书写认真、完整、页面整洁，实训收获较大		20
合计				100
个人总结	编写个人的实训过程及收获，如在整个过程中的收获和心得体会等			

项目二　店招文案策划

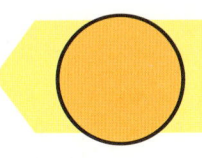

任务三　店招文案排版设计

案例导入

"小熊电器"是国内一家知名的家电品牌,产品涵盖电饭煲、电水壶、榨汁机、吸尘器等多种产品系列。"小熊电器"专注于为用户提供高品质、实用、创新的家电产品,以其卓越的品质和可靠性,在国内外市场都具有广泛的认可度和美誉度。除了在产品品质上的不断提升,小熊电器也注重用户体验的提升,为用户提供更加个性化、便捷的购物和使用体验,因此深受用户喜爱。

小熊电器的店招文案排版设计结合了小熊电器的品牌LOGO、品牌宣传语、主推产品的图片以及产品信息介绍和价格等要素,如图2-3-1所示。

图2-3-1　小熊电器店招文案

左侧采用品牌LOGO和品牌宣传语上下排版的形式,以突出品牌特色和知名度。中间使用小熊卡通元素加强视觉吸引力。右侧展示小熊电器的两款主推产品图片,图片旁边附上产品信息介绍及产品卖点的文案,突出产品的特点和优势,让用户了解产品性能。底部放置立即抢购的图标,能够引导用户快速进入产品购买页面。

从整体上看,店招颜色选用橙色和黄色,这两种颜色都具有活力和温暖的特点,作为主题色也能够增强视觉效果,吸引用户的注意力并促进销售。

【案例思考】
1. 这种店招文案排版对于小熊电器的品牌推广和产品销售有何优势?
2. 小熊电器是如何利用店招文案排版提升品牌知名度和产品销售量的?

一、文案设计认知

（一）字体类型

字体是文字外在的视觉表现形式，具备传递信息和引导视觉体验的功能。字体反映了不同历史时期、不同地域、不同文化背景下的人们对于文字表达形式的理解和追求。随着科技的发展，字体被赋予多元化、个性化、标准化的特点，以满足不同场合和不同需求的使用。这些新的字体不仅丰富了文字的表达形式，也为文案设计提供了更多的创作灵感，可以有效提高文案的可读性和理解度，增强视觉传达效果，使用户更容易被吸引并理解信息。

字体的类型主要分为笔锋字体、无笔锋字体、毛笔字体、自由设计字体等。

1. 笔锋字体

笔锋字体是一种模拟手写效果的字体类型。这种字体是通过加强或减弱字体笔画的粗细线条，营造出墨汁流动的效果，使字体看起来像是用毛笔或钢笔书写的效果。这种字体常常被用于卡片、海报、标志以及书籍封面等设计中，不仅可以增加设计的美感和独特性，同时也能有效地传达设计意图，吸引用户产生共鸣。常见的笔锋字体有宋体、黑体、楷体、仿宋等，如图2-3-2所示，其特点是起笔和收笔呈现出明显的顿角和折角，能够突显字体的力量感和立体感。

宋 体　好好学习

黑体　**好好学习**

楷体　好好学习

仿宋　好好学习

图 2-3-2　笔锋字体

2. 无笔锋字体

无笔锋字体是一种简单、现代化、扁平式的字体类型。这种字体源于书法中"无尖无笔锋"理念，通过笔画等线条粗细和直线构造，营造出几何一致的效果，使字体外观更加平滑和规整。这种字体适用于大段文字的排版，常常被用于网页设计、广告宣传、移动应用程序设计等，使设计具备现代感和简洁性，同时能够突显出设计的统一和均衡，给人一种稳重、专业的感觉。常见的无笔锋字体有微软雅黑、思源黑体、方正兰亭黑简体、阿里巴巴普惠体等，如图 2-3-3 所示，其特点是无明显的起笔和收笔痕迹，线条过渡平滑，能够提高文字的可读性和可辨识度。

图 2-3-3　无笔锋字体

3. 毛笔字体

毛笔字体是一种基于毛笔书法艺术的特殊字体类型。通过调整笔画粗细、长度和曲线的变化，来表达不同的情感和主题。设计时，运用"浓淡相宜"的技巧，以及虚实、宽窄、长度的巧妙配合，创造出富有生命力和动态感的视觉效果。毛笔字体常常被用于标题、宣传语等需要重点突出的文案中，使设计更具艺术性和观赏性，还能够展现出设计者的个性和情感，同时，能够传达出浓厚的东方美感和文化内涵。常见的毛笔字体有叶根友毛笔行书、春联标准行书体、禹卫书法行书简体、李旭科毛笔行书等，如图 2-3-4 所示，其特点是笔画粗细不一、笔锋明显、线条流畅自然等，能够吸引用户注意力，增加字体的艺术性和视觉冲击力。

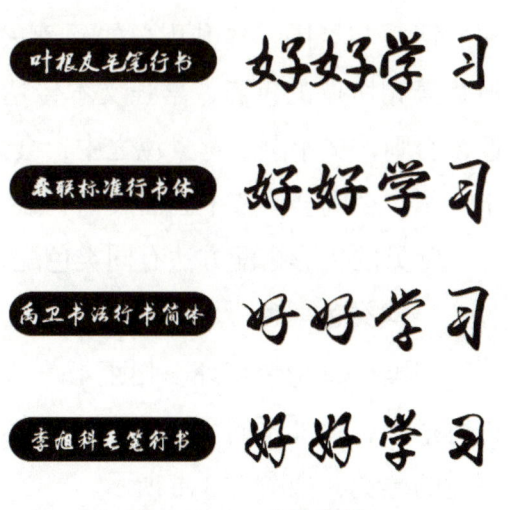

图 2-3-4　毛笔字体

4. 自由设计字体

自由字体是指不局限于已有的字体类别和规范，设计师可以基于已有字体调整设计或者重新设计字体。通过改变字体的形状、笔画粗细、角度等，来表达设计的创意和思想。一般字体和图形是密不可分的，在设计时搭配图形元素，如线条、矩形等，用来增强设计的个性和风格。自由字体常常被用于海报、网页banner等设计中，使设计更具辨识度和熟知度，还能够展现出设计者独特的设计理念，给人带来全新的视觉体验和情感共鸣。常见的自由字体类型有几何线趣型、卡通手绘型、创意图文型、动态科技型等，如图2-3-5所示，其特点是字体形态多样、笔画结构丰富、笔锋多样、线条自由等，能够精准传达信息，增强字体的艺术表达和情感传递。

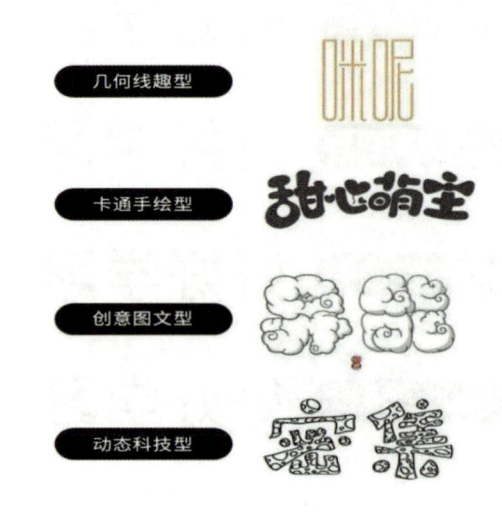

图 2-3-5　自由设计字体

（二）文字配色

文字配色是指对文字的颜色进行合理搭配，增强文案内容的生动性，向用户传达不同的情感和氛围，提升用户的阅读兴趣。在进行配色设计时，需要选择与海报图片、海报背景相协调的色彩，增强文本传达效果和可读性。文字颜色与背景色尽量不要过于接近，否则，文字融于背景色之中，会影响用户阅读；文字颜色与背景色颜色对比也不要过于夸张，否则会使整个画面失衡、缺乏美感。

常见的色彩搭配方法有同类色配色、对比系配色、邻近系配色、互补系配色。

1. 同类色配色

同类色是指色相环上相距15°左右的颜色。同类色配色是指选用同一色系中的颜色进行搭配，比如不同深浅程度的蓝色、绿色、紫色等。这种配色方案通常会给人以平和、舒适的感觉，如图2-3-6所示。

图 2-3-6　同类色配色

2. 对比系配色

对比色是指色相环上相距 120° 左右的颜色。对比系配色是指选用互为对比的两种颜色进行搭配，比如蓝色和黄色、粉色和绿色、黑色和白色等。这种配色方案通常会给人以强烈、明快的感觉，如图 2-3-7 所示。

图 2-3-7　对比系配色

3. 邻近系配色

邻近色是指色相环上相距 60° 左右的颜色。邻近系配色是指选用相邻的颜色进行搭配，比如黄色和橙色、蓝色和绿色、红色和紫色等。这种配色方案通常会给人以和谐、自然的感觉，如图 2-3-8 所示。

图 2-3-8　邻近系配色

4. 互补系配色

互补色是指色相环上相距 180°左右的颜色。互补系配色是指选用互相补充的颜色进行搭配，比如红色和绿色、黄色和紫色、蓝色和橙色等。这种配色方案通常会给人以活力、鲜明的感觉，如图 2-3-9 所示。

图 2-3-9　互补系配色

（三）字体特效

字体特效是指通过改变字体的形状、颜色以及材质等方式，增强字体的视觉吸引力，向用户传达重要信息，提升设计的关注度和记忆度。在进行字体设计时，通常会添加图形、阴影、渐变、纹理、描边等效果，使字体更具立体感和层次感。

注意，字体不宜过于复杂，否则会降低文字的可读性，影响信息传达。因此，在设计时，需要考虑字体的美观性和功能性的平衡。

常见的特效字体有 3D 立体感、元素叠加、蒙版叠加、虚实结合等。

1.3D 立体感

3D 立体感是一种通过技术手段实现的视觉效果，使文字在二维平面上呈现出逼真的三维立体效果。通过运用颜色差异、线条和面的组合、描边和阴影等方式，营造出令人眼前一亮的 3D 立体字体效果，使字体看起来更具立体感和真实感。这种特效字体的应用范围非常广泛，常见于广告、海报、标志、场景布置、游戏等视觉设计中，不仅能够增加设计作品的真实感和逼真感，还能够吸引用户的注意力，强化所传达信息的效果。无论是在电影海报上的大写标题，还是在电子游戏中的游戏界面，3D 立体字体设计都能够为作品增添独特的魅力和视觉冲击力。设计师们利用 3D 立体字体创造出极具视觉冲击力的效果，不仅使作品更加生动、饱满，同时也能够给用户带来独特的视觉体验，如图 2-3-10 所示。

图 2-3-10　3D 立体感

2. 元素叠加

元素叠加是一种创新的字体设计方式，是将不同图形的元素叠加在一起，呈现出多层次叠加的字体。设计师将不同的形状、纹理、颜色、图案等叠加在字体上，营造出引人注目的叠加视觉效果，使字体看起来更有纹理感和层次感。元素叠加字体的应用范围非常广泛，常见于广告宣传、网页海报、标志和包装设计等视觉设计中。不仅能够增加设计的个性和创意，还能丰富文字的艺术表达，使设计更具趣味性和互动性。无论是在广告创意宣传上的大写标题还是在网页海报界面，元素叠加字体设计都能够为作品增添视觉冲击力和传达效果。设计师们利用元素叠加字体创造出极具视觉表现力的效果，不仅使作品更加生动、有趣，同时也能为用户带来全新的视觉体验，如图 2-3-11 所示。

图 2-3-11　元素叠加

3. 蒙版叠加

蒙版叠加是一种将蒙版技术和叠加特效相结合形成的创新字体，是将不同的形状和图案作为蒙版，并将其叠加在字体上，呈现出相互融合的字体效果。设计师通过调整蒙版的位置、大小、透明度等设置可以实现不同的字体效果，如字体裂开、文字叠加图像、文字纹理、文字变形等，使字体看起来更有视觉创意和质感。蒙版叠加字体的应用范围非常广泛，常见于广告宣传、网页海报、标志和包装设计等视觉设计中。不仅能够增加文字的视觉效果和艺术性，还能突出文字的重要性和吸引力，使设计更具独特性和辨识度。无论是在广告设计中的动态感标题还是在海报设计中的图案叠加特效字，蒙版叠加字体设计都能够为作品增添独特的表现力和视觉冲击力。设计师们利用元素叠加字体创造出丰富多样的字体效果，不仅使作品更加立体、丰富，同时也能使设计更具互动性，如图 2-3-12 所示。

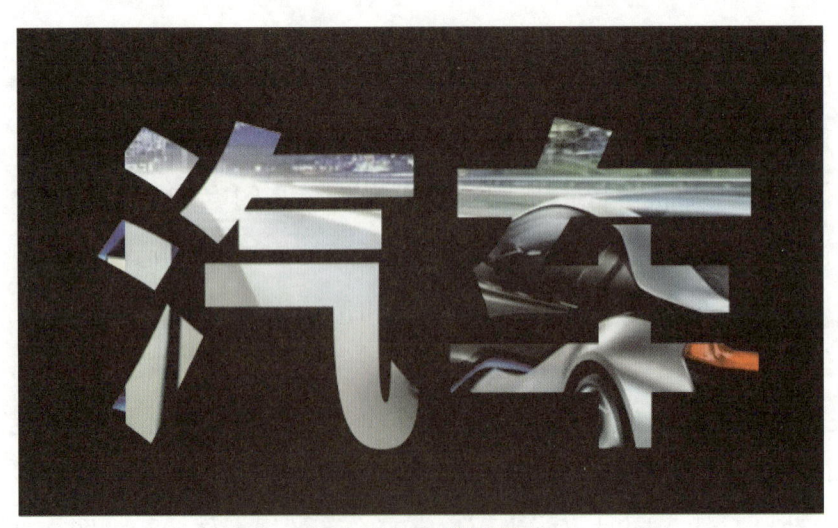

图 2-3-12　蒙版叠加

4. 虚实结合

虚实结合是一种将字体笔画进行虚实变化设计的创新字体，是将字体的笔画进行拆分，保留一部分实体笔画，将另一部分笔画进行虚化设计，营造出虚实交错效果。设计师通过对字体模糊、透明度等设置，增强字体的空间感和立体感，使字体呈现出柔和的过渡感和层次感。虚实结合字体常用于包装设计、海报、游戏界面和电影片头等视觉设计中。不仅能够增加文字的独特性和记忆性，还能突出文字的重要性和吸引力，使设计更具独特性和辨识度。无论是在包装设计中的创意字体还是在电影片头中的虚实结合特效字，虚实结合字体设计都能够为作品增添独特的艺术美感和前瞻性。设计师们利用虚实结合字体创造出逼真立体的字体效果，不仅使作品更加形象、生动，同时也能使设计带来充满震撼和惊喜的视觉体验，如图 2-3-13 所示。

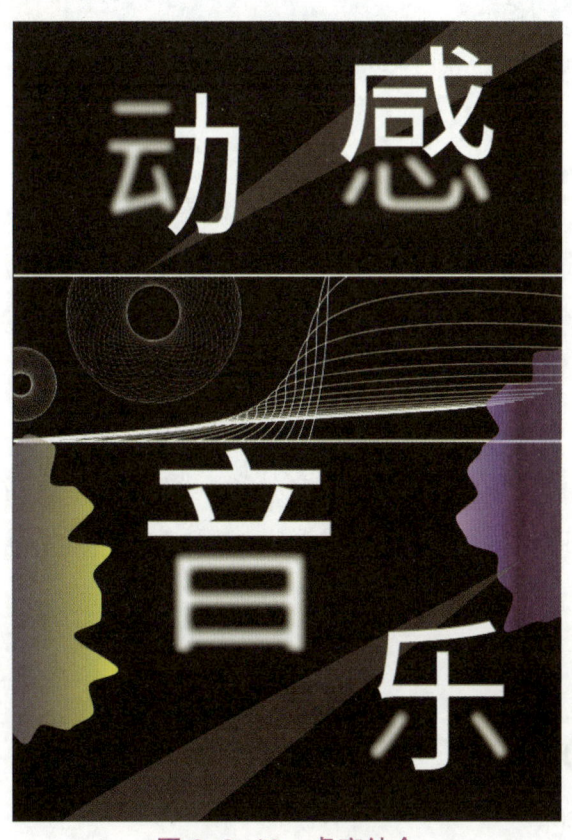

图 2-3-13　虚实结合

二、店招文案排版

店招文案排版是指将文本、图片、按钮等元素按照一定的规则和布局方式进行排列，以达到美观、清晰和易读的效果。在进行网店店招文案排版时，需要考虑信息的重要程度、排版方式的适用性和整体美观度。同时，也可以根据不同的情况选用不同的排版方式，以展现出最佳效果。常见的店招文案排版方式包括居中排版、对齐排版和分栏排版。

（一）居中排版

将文本或图像放在整个店招的中央位置，使其显得突出、醒目。通常用于强调如品牌名称、口号、标语等重要信息。在店招中运用居中排版时，可以将品牌名称、特殊优惠信息等关键内容放置于页面正中心，吸引用户注意力。

如图 2-3-14 所示，自然堂的店招文案采用了居中排版，整体设计鲜明、醒目。店招中间是品牌名称，强调了品牌的重要性，同时展示了主推产品的信息，引起用户注意。通过居中排版方式，使店招显得更加统一、整齐，符合自然堂品牌形象的特点。同时，这种排版方式也能够吸引消费者的注意力，提高店铺的转化率。

图 2-3-14　自然堂店招文案

（二）对齐排版

将不同元素沿着垂直或水平方向对齐，使它们看起来有序、整洁。通常采用左对齐、右对齐和居中对齐等方式。运用对齐方式对网店店招文案进行排版时，可以将商品图片、商品介绍、购买按钮等元素进行适当的左对齐或右对齐排版，使页面看起来更加整齐、规范。

如图 2-3-15 所示，中国供销合作社的店招文案采用了对齐排版，整体设计简洁整齐。店招左侧是品牌 LOGO 和名称，采用了居中对齐，紧接着店铺名称和"收藏店铺"按钮都采用了左对齐排版。通过对齐排版，使得店招看起来更加整洁、规范，也能够让用户更快速地浏览到所需信息。同时，这种排版方式也给人以稳重、端庄的印象，符合中国供销合作社的形象定位。

图 2-3-15　中国供销合作社店招文案

（三）分栏排版

将整个页面分为多个区域，每个区域分别呈现不同的信息。通常用于展示商品分类、品牌特色等。在网店中运用分栏排版时，可以将不同类型的商品进行分类展示，使用户更容易找到自己需要的商品。

如图 2-3-16 所示，安踏自营旗舰店的店招文案采用了分栏排版，整体设计简洁明了。

项目二 店招文案策划

左边是品牌 LOGO、店铺名称"安踏自营旗舰店"及"关注本店"按钮，右边分成了四列，每列都展示不同产品的名称和图片。通过分栏排版，使店招显得井然有序，让用户对产品信息的获取更加高效。

图 2-3-16 安踏店招文案

小贴士

店招文案排版规范

店招文案排版规范可以有效指导文案排版方式，主要包括以下几点。

①字体大小：一般情况下，正文使用 12～16 号字体，标题可以使用比正文大 2～4 号的字体。

②行距：行距设置不宜过小，应该在 1.5 倍左右，这样能够使文本更加清晰易读。

③字间距：字间距也不宜过小，应该在字号的 10%～20% 之间，使文字之间有一定的间隔，避免阅读时出现混淆的情况。

④对齐方式：一般采用左对齐的方式，使文本整齐美观。

⑤缩进：段落首行缩进一般为 2～4 个字符，使文本层次分明。

⑥标点符号：标点符号应该使用正确、规范的符号，避免出现错误和歧义。

⑦图片大小：商品图片大小应该适中，不宜太小或太大，以保证图片清晰度和页面加载速度。

任务实施

任务背景

李莉在完成店招文案的认知及写作之后，需要进一步完成店招文案的排版。

在对店招文案内容进行排版设计时，李莉需要与运营人员对接相关信息，包括店招类型和相关产品图片等信息，在详细对接信息后，李莉还需要对整个店招的布局及店招文案的排版进行设计。请你按照店招文案排版设计的流程，帮助李莉完成此次活动店招文案的设计排版。

电商文案策划

任务操作

完成文具店铺店招文案的排版，可参照如下步骤。

步骤1：对接需求

在进行店招文案排版设计前，需要与运营人员对接店招的制作需求，了解需要制作的店招类型、目标人群、店招文案、产品图片等信息。李莉通过对接运营人员获得了如表2-3-1所示的需求表。

表2-3-1 店招设计需求表

店招类型	目标人群	店招文案	产品图片
活动类店招	小学生 初中生 大学生	1. 店铺名称：小明同学文具旗舰店 2. 产品名称及文案： ①钢笔（买10支送3支 考试专用笔 RMB：9.72） ②胡萝卜橡皮擦（买1支送1支 RMB：6.66）	1. 钢笔 2. 胡萝卜橡皮擦

步骤2：布局设计

在对接完设计需求后，李莉需要对设计需求进行整理与分析，然后根据设计需求来确定店招文案、产品图片等元素在版面上的位置和布局。为了确保设计的布局合理、美观，并且能够有效地传达产品的信息和价值，李莉依据店招文案设计需求设计出店招布局，如图2-3-17所示。

图2-3-17 店招布局设计

步骤3：店招文案排版设计

在完成了店招的布局设计后，李莉还需要根据店招的类型、人群、产品选择合适的字体、配色方案并确定文案排版方式，以制作出符合店铺定位和目标人群需求的店招。

李莉最终确定的店招文案排版设计方案见表 2-3-2。

表 2-3-2 店招文案排版设计方案

店招配色	店招字体	文字排版
主色调：蓝色 辅色调：红色	常规思源黑体	左对齐

收集并整理完相关信息之后，根据文具店铺店招文案进行店招文案排版设计，具体步骤如下。

步骤 3.1：创建画布。通过快捷键 Ctrl+N 或者通过"文件"→"新建"命令操作，执行"新建"命令，在打开的"新建"对话框中，新建一个宽 990 像素 × 高 120 像素的画布，分辨率为 72 像素 / 英寸，颜色模式为 RGB，背景内容为白色，并将该文件命名为"文具店铺店招文案排版设计"，如图 2-3-18 所示。

图 2-3-18 新建文件

项目二操作示范视频

步骤 3.2：绘制 LOGO。选择"矩形工具"，绘制一个 110 像素 × 50 像素的矩形，圆角为 10 像素，设置矩形颜色为蓝色，如图 2-3-19 所示；选择"横排文字工具"，设置字体为思源黑体，颜色为白色，输入产品文案"LOGO"，如图 2-3-20 所示。

图 2-3-19　新建文件　　　　　　图 2-3-20　输入 LOGO

步骤 3.3：绘制分割线。 选择"矩形工具"，绘制一个 1 像素 ×42 像素的矩形，设置矩形颜色为蓝色，如图 2-3-21 所示。

图 2-3-21　绘制分割线

步骤 3.4：输入店铺名称。 选择"横排文字工具"，设置字体为思源黑体，颜色为黑色，输入产品文案"小明同学文具旗舰店"，如图 2-3-22 所示。

图 2-3-22　输入店铺名称

步骤 3.5：设计关注。 选择"矩形工具"，绘制一个 66 像素 ×20 像素的矩形，圆角为 9.5 像素，设置矩形颜色为红色，如图 2-3-23 所示；选择"自定形状工具"，绘制一个爱心形状，设置形状颜色为白色，如图 2-3-24 所示；选择"横排文字工具"，设置字体为思源黑体，颜色为黑色，输入产品文案"关注"，如图 2-3-25 所示。

图 2-3-23　绘制矩形　　　　　图 2-3-24　绘制爱心形状

小明同学文具旗舰店

♥关注

图 2-3-25　输入文案"关注"

步骤 3.6：设计活动产品 1。

步骤 3.6.1：绘制圆形。 选择"椭圆工具",绘制一个 300 像素 ×300 像素的圆形,设置圆形颜色为浅蓝色,如图 2-3-26 所示。

图 2-3-26　绘制圆形形状

步骤 3.6.2：置入产品图片。 置入提前准备好的"中性笔"素材,并且调整素材文件的大小和位置,如图 2-3-27 所示。

图 2-3-27　置入"中性笔"素材

步骤 3.6.3：输入右侧文字。

①输入文案。选择"横排文字工具",设置字体为思源黑体,设置字体为左对齐,颜色为红色,输入产品文案"买 10 支送 3 支",如图 2-3-28 所示;选择"横排文字工具",设置字体为思源黑体,设置字体为左对齐,颜色为蓝色,输入产品文案"考试专用中性笔",如图 2-3-29 所示。

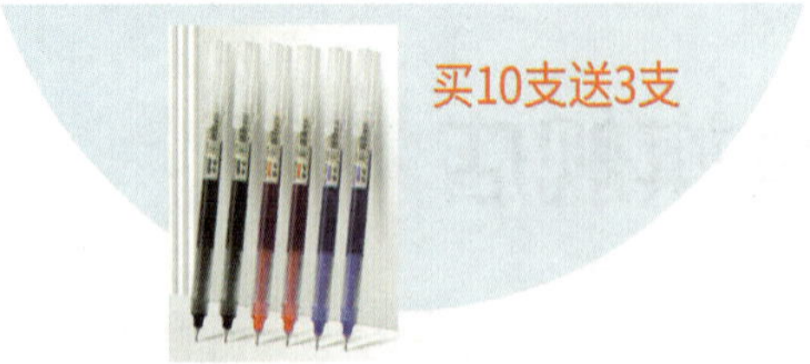

图 2-3-28　输入营销文案 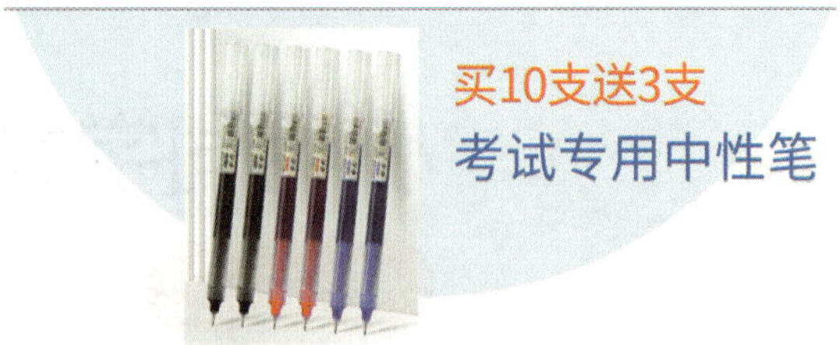　　　　　图 2-3-29　输入产品文案

步骤 3.6.4：分割线绘制。选择"矩形工具",绘制一个 29 像素 × 1 像素的矩形,设置矩形颜色为红色,如图 2-3-30 所示。

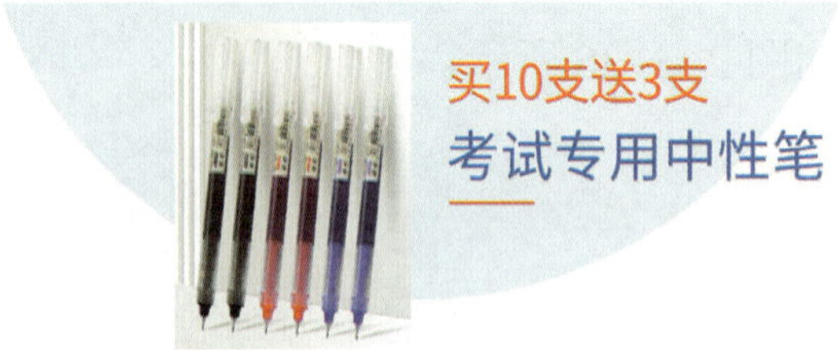

图 2-3-30　绘制分割线

②设计价格文案。选择"矩形工具",绘制一个 130 像素 × 27 像素的矩形,设置圆角为 13.5 像素,设置矩形颜色为蓝色,如图 2-3-31 所示;选择"矩形工具",绘制一个 78 像素 × 20 像素的矩形,设置圆角为 10 像素,设置矩形颜色为白色,如图 2-3-32 所示;选择"横排文字工具",设置字体为思源黑体,颜色为黑色,输入产品文案"RMB：9.72",如图 2-3-33 所示;选择"横排文字工具",设置字体为思源黑体,颜色为白色,输入产品文案"GO>",如图 2-3-34 所示。

图 2-3-31　绘制矩形 　　　　　图 2-3-32　绘制矩形

图 2-3-33　输入价格 　　　　　图 2-3-34　输入文案"GO>"

步骤 3.7：设计活动产品 2。按照上述步骤，完成活动产品设计 2，如图 2-3-35 所示。

图 2-3-35　活动产品设计 2

步骤 3.8：完成文具店铺店招文案排版设计，如图 2-3-36 所示。

图 2-3-36　文具店铺店招文案排版设计

任务思考

通过以上操作，完成了店招文案排版的实训操作，请在此基础上，进行思考并回答：在进行店招文案设计排版时，如何选择合适的字体类型？

_____

_____

_____

任务评价

按照客观、公正和公平的原则，在教师的指导下按自我评价、小组评价和教师评价三种方式对自己或他人在本任务学习中的表现进行综合评价，学习任务综合评价表见表 2-3-3。

表 2-3-3　学习任务综合评价表

考核项目	评价内容	配分	评价分数 自我评价	评价分数 小组评价	评价分数 教师评价
职业素养	具备创新意识或原创精神	10			
职业素养	具备洞察能力和分析能力	10			
专业能力	能够完成店招文案的排版设计	50			

续表

考核项目	评价内容	配分	评价分数		
			自我评价	小组评价	教师评价
任务成果	任务成果符合任务要求	15			
	任务成果完成质量	15			
	总分	100			
总评	自我评价×20%+小组评价×20%+教师评价×60%=		综合评分		

同步实训

假设你是某电商企业的美工设计师，被领导委以重任，负责本次节日大促活动的店招设计以及店招文案设计排版工作。请你根据所学店招文案设计排版的相关知识，完成本次活动的店招文案设计排版工作。

实训评价

评估内容			
序号	考核项目		评分比例/%
1	实训内容	店招文案排版设计　能够完成店招文案的排版设计	80
2	实训结果	实训结果书写认真、完整、页面整洁，实训收获较大	20
合计			100
个人总结	编写个人的实训过程及收获，如在整个过程中的收获和心得体会等		

职业视窗

以网络正能量引领青年奋进新时代

青年兴则国家兴，青年强则国家强。青年是一个国家核心竞争力的关键要素。党的二十大报告中指出，全党要把青年工作作为战略性工作来抓，用党的科学理论武装青年，用党的初心使命感召青年，做青年朋友的知心人、青年工作的热心人、青年群众的引路人。随着互联网的快速发展，网络越来越成为广大青年的聚集地，也越来越成为青年思想政治工作的重要阵地。对青年的价值引领也要适应互联网发展的趋势。

店招作为整个淘宝店铺的黄金展示位，它的作用是十分重要的。对于商家而言，能够帮助卖家铺货和做关联营销，让消费者第一时间了解店铺的特色。此外，还起到为店铺塑造形象的作用。因此，我们在创作店招文案时，不仅要考虑营销作用，还要为店铺塑造正面形象，弘扬正能量，对网购的主要群体（青年）起到良好的价值引领作用。例如，康师傅的"自然最健康，绿色好心情"倡导人们绿色环保，保护自然，喝无污染的饮品。金龙鱼的"温暖亲情，金龙鱼的大家庭"，体现家庭、亲情的重要。

文案创作者在完成本职工作的同时，还要有一颗向上守正的心，守住追求健康向上的文化品位的创作底线，利用自己的作品，弘扬社会主义核心价值观，树立新时代社会的新风正气，在网络中成为正能量的传播者，通过网络正能量的供给，不断塑造青年的远大理想、崇高品格、中国精神，这样才能更好引领青年当好时代追梦人。

项目三 海报文案策划

学习目标

【知识目标】

1. 熟悉海报文案的定义、类型和作用；
2. 理解海报文案写作要点和写作方法；
3. 熟悉海报文案设计与排版的方法。

【能力目标】

1. 能够依据海报文案的内容，辨别不同海报文案的类型，并判断其作用；
2. 能够依据海报文案写作要点和写作方法，结合营销需求，完成海报文案写作；
3. 能够依据海报文案设计与排版的方法，结合营销需求，完成海报文案排版设计。

【素养目标】

1. 具备创意思维能力，能够结合产品特点或营销主题挖掘出独特的主题和创意，让海报文案更具吸引力；
2. 具备法律意识，在海报文案策划过程中自觉遵守《中华人民共和国广告法》等相关法律法规，避免出现不正当营销行为。

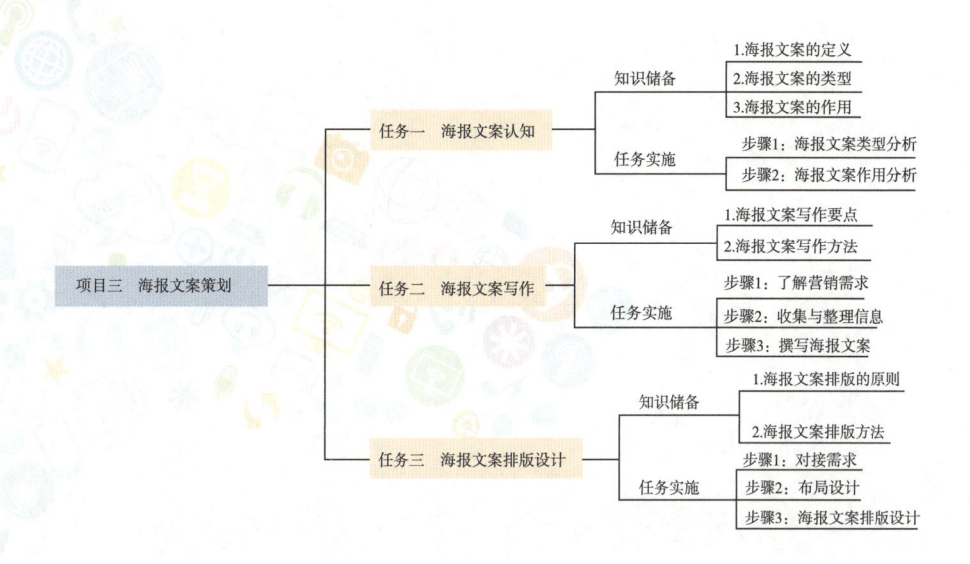

学习导图

项目三 海报文案策划
- 任务一 海报文案认知
  - 知识储备
    - 1. 海报文案的定义
    - 2. 海报文案的类型
    - 3. 海报文案的作用
  - 任务实施
    - 步骤1：海报文案类型分析
    - 步骤2：海报文案作用分析
- 任务二 海报文案写作
  - 知识储备
    - 1. 海报文案写作要点
    - 2. 海报文案写作方法
  - 任务实施
    - 步骤1：了解营销需求
    - 步骤2：收集与整理信息
    - 步骤3：撰写海报文案
- 任务三 海报文案排版设计
  - 知识储备
    - 1. 海报文案排版的原则
    - 2. 海报文案排版方法
  - 任务实施
    - 步骤1：对接需求
    - 步骤2：布局设计
    - 步骤3：海报文案排版设计

电商文案策划

学习计划

学习任务	目标计划	实施计划
海报文案认知		
海报文案写作		
海报文案排版设计		

项目导入

小王是某农产品电商企业的一名实习生,主要负责电商文案策划与制作相关工作。近日,该农产品电商企业开设的网店要上新一批农产品,准备开展一场新品促销活动。为了进行活动宣传,使用户了解营销活动信息,激发用户参与积极性,部门经理安排小王为本次促销活动策划并制作海报文案。对此,小王需要提前了解海报文案的定义、类型、作用,熟悉海报文案的写作要点、写作方法,掌握海报文案的设计、排版。

项目三　海报文案策划

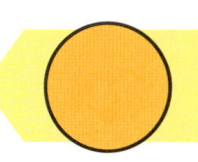

任务一　海报文案认知

案例导入

某箱包旗舰店为了让用户了解店铺产品的风格、款式、价值，于是通过海报来对网店的热销产品进行推广。用来作为海报推广的产品是一款蓝色行李箱，需要设计的海报文案内容包括产品名、产品核心卖点、价格和引导浏览标识。该网店文案策划人员结合店铺营销需求完成了海报文案设计，如图3-1-1所示。

图3-1-1　行李箱海报文案

海报文案以简洁凝练的语言向用户清晰传递营销信息，同时作为用户了解产品的辅助信息，又能很好地突出产品的主体地位。在文案字体选择上，选用黑体，以大气稳重为主，与店铺风格相契合。在文字颜色上，选用蓝色和灰色作为文字配色，与产品、场景相协调，展现出品质与时尚兼具的视觉效果。在文案布局上，先指出产品名称，再对其核心卖点、价格分别进行说明，"立即查看"的引导标识清楚却不影响核心要素的主体地位，层次清晰明确，符合用户浏览习惯。因而，海报发布后，为店铺吸引了很多用户流量。

【案例思考】

1. 什么是海报文案？
2. 海报文案在电商营销中的作用是什么？

电商文案策划

知识储备

一、海报文案的定义

海报是用来预告各类活动信息的一种宣传工具。在电商营销过程中,企业或品牌通常会借助海报来向用户传递营销信息,使用户了解活动详情,激发用户参与积极性,从而为企业或品牌带来更多商业效益。海报文案作为海报的构成要素之一,主要是指海报上的各类文字信息,用于传达宣传的目的和内容。通常具有简明扼要、便于理解、感染力强、富有美感等特点。一般情况下,企业或品牌难以通过图片内容向用户传递完整的营销信息,这时,海报文案就成为精准传递信息内容的"使者"。用户通过海报文案这一辅助要素,能够全面、清晰地了解企业或品牌的营销意图及宣传目的,更容易理解和接收信息。同时,具有艺术设计美感,并且能够引起用户情感共鸣的海报文案,可以有效吸引用户视线,使用户产生强烈的兴趣,为企业或品牌带来更多流量。

二、海报文案的类型

根据海报文案的营销用途来看,一般可以将其划分为以下几种类型。

1. 商品特色类海报文案

商品特色类海报文案是指以展现商品核心卖点或优势为主要内容的海报文字信息。这类海报文案通常会强调商品的品质、功能、使用场景、优势等特征,注重突出产品的独特之处,加强产品形象塑造和品牌推广,以此吸引用户注意,使用户更容易接受和认可产品,从而帮助企业或品牌达到提升流量转化,促进销售增长的营销目的。

如图 3-1-2 所示,某家居网店的海报文案为"跳舞兰 现代与北欧的结合体 不惧场所 摆出品味 立即购买 简约北欧 做工惊喜,形态仿真,比真花更灵动 适合多种场景使用",海报文案首先指出产品名称,然后围绕产品特点、使用场景对齐进行了详细说明,使用户通过文案内容就能全面了解到产品特点。

图 3-1-2 商品特色类海报文案

2. 品牌宣传类海报文案

品牌宣传类海报文案是指以品牌价值文化理念输出为主要内容的海报文字信息。这类海报文案通常会包含品牌宣传语、品牌名称、品牌文化等相关内容，注重对品牌形象的塑造和宣传，强调品牌特点和优势，突出品牌的独特性和竞争力。通过精心设计的海报文案，品牌可以吸引消费者的注意力，树立品牌形象，增强用户品牌认知度和忠诚度。

如图 3-1-3 所示，某家居品牌网店的海报文案为"用心生活 即是美好 ×× 装饰你的花样生活"，该品牌将自己的品牌名称与品牌运营理念进行巧妙融合，形成品牌宣传语，简洁凝练、通俗易懂，能够有效扩大品牌的传播效应，使用户加强对品牌的记忆。

图 3-1-3 品牌宣传类海报文案

3. 活动促销类海报文案

活动促销类海报文案是指以店铺促销活动宣传为主要内容的海报文字信息。这种海报文案通常会包含限时优惠、折扣、新品发布等促销活动的活动时间及活动力度，通过强调产品或服务的特点及优势，并制造紧迫感来刺激用户的购买欲望，从而提升产品销量，为企业或品牌带来更大的经济效益。

如图 3-1-4 所示，某家居网店的海报文案为"全民家装节 全店买四免一 跨店满138减10，可以叠加！ 活动时间：08.10-08.16"，海报文案从活动主题、活动形式、活动力度、活动时间方面，对本次促销活动进行了全面介绍，用户看到海报文案就能够对营销活动有充分的了解。

图 3-1-4 活动促销类海报文案

三、海报文案的作用

海报文案作为企业或品牌宣传推广活动信息的一种方式，其作用有以下几点。

元气森林海报文案分析

1. 传递营销信息

海报文案的主要用途就是向用户传递图案元素难以直接表达的信息内容，便于用户理解营销信息。用简短、有力的语言来表达产品或服务的特点、优势，重点突出、中心明确，用户在浏览相关内容的过程中，能够迅速关注到核心要素，从而比对自己的消费需求，选择购买。例如，某口香糖品牌举办促销活动，产品推广海报文案为"0糖0脂　清润升级　买一送一"，其中，"0糖0脂　清润升级"展现了产品卖点，"买一送一"说明了活动优惠形式。

2. 吸引用户视线

一个富有创意的海报文案能够在不经意间引起用户关注，使用户产生兴趣，并主动探索。通过创意独特的设计和打动人心的文案，用户能够从中深刻体会到其中的内涵、价值与意义，而且用户在主动了解营销信息的过程中，能够对重点营销信息产生深刻记忆，有利于企业或品牌达到信息传播的目的，促进销售。例如，某薄荷冰淇淋的产品推广海报文案为"夏日风暴　劲凉酷爽　冻感十足"，其中，"夏日风暴"运用比喻的修辞手法，生动形象地描述了此款冰淇淋冰爽可口的感觉，"劲凉酷爽　冻感十足"全力渲染氛围，对冰淇淋的口感做了进一步阐释，简洁明了的语言想象丰富，几句创意让人身临其境。

3. 引起用户情感共鸣

海报文案可以通过简洁、生动的语言表达企业或品牌的价值观，让用户产生共鸣，从而加深对企业或品牌的好感度和信任度。从用户消费心理角度来看，关注用户消费需求，站在用户角度思考问题，说明产品或服务可以为用户带来的好处，更容易让用户感受到产品或服务的价值，从而易于使用户接受宣传信息，提升用户信赖感。例如，某帆船摆件的产品推广海报文案为"漂流瓶帆船摆件　永不翻船的友谊"，人们都渴望拥有一段地久天长的友谊，该产品用"帆船"来指代友谊的小船，而"永不翻船的友谊"更是触动人们心理，从而引起了人们的情感共鸣。

项目三　海报文案策划

任务实施

任务背景

小王搜集了一些热销产品网店的海报文案，决定从类型、作用方面对其进行分析，寻找更能吸引用户的海报文案形式，从而为农产品新品促销活动海报文案策划做好充分准备，见表3-1-1。

表 3-1-1　热销产品网店的海报文案

序号	海报文案
1	黄河蜜瓜　自然熟/高品质/现摘现发/坏果包赔
2	最甜蜜的爱，来自××。品质健康好生活，从选择××开始！
3	海南妃子笑荔枝　新品上市　6斤53.8元　顺丰空运/肉厚核小/爆汁爆甜
4	黄心油桃　精选大果　新鲜采摘/脆甜多汁　净重5斤
5	散串樱桃番茄　酸甜多汁/带枝发货　限时优惠　3斤39.9元
6	好吃是一种健康的体验有机蔬菜，就选××！

任务操作

进行海报文案分析，可参照如下步骤。

步骤1：海报文案类型分析

小王首先需要对热销产品网店的海报文案的类型进行分析。请你结合所学知识及任务背景，分析海报文案的类型，并完成表3-1-2的填写。

表 3-1-2　海报文案类型分析

序号	海报文案	类型分析
1	黄河蜜瓜　自然熟/高品质/现摘现发/坏果包赔	
2	最甜蜜的爱，来自××。品质健康好生活，从选择××开始！	
3	海南妃子笑荔枝　新品上市　6斤53.8元　顺丰空运/肉厚核小/爆汁爆甜	
4	黄心油桃　精选大果　新鲜采摘/脆甜多汁　净重5斤	
5	散串樱桃番茄　酸甜多汁/带枝发货　限时优惠3斤39.9元	
6	好吃是一种健康的体验有机蔬菜，就选××！	

95

步骤2：海报文案作用分析

完成海报文案类型分析之后，小王还需要根据每个海报文案的营销效果，对其作用进行分析。请你结合所学知识及任务背景，分析海报文案的作用，并完成表3-1-3的填写。

表3-1-3 海报文案类型分析

序号	海报文案	类型分析	作用分析
1	黄河蜜瓜 自然熟/高品质/现摘现发/坏果包赔		
2	最甜蜜的爱，来自××。品质健康好生活，从选择××开始！		
3	海南妃子笑荔枝 新品上市 6斤53.8元 顺丰空运/肉厚核小/爆汁爆甜		
4	黄心油桃 精选大果 新鲜采摘/脆甜多汁 净重5斤		
5	散串樱桃番茄 酸甜多汁/带枝发货 限时优惠 3斤39.9元		
6	好吃是一种健康的体验有机蔬菜，就选××！		

任务思考

通过以上操作，同学们了解了海报文案的基础知识，请在此基础上进行思考并回答：不同类型海报文案的特点分别是什么？

_____
_____
_____
_____

任务评价

按照客观、公正和公平的原则，在教师的指导下按自我评价、小组评价和教师评价三种方式对自己或他人在本任务学习中的表现进行综合评价，学习任务综合评价表见表3-1-4。

表 3-1-4　学习任务综合评价表

考核项目	评价内容	配分	评价分数		
			自我评价	小组评价	教师评价
职业素养	具备创新意识或原创精神	10			
	具备洞察能力和分析能力	10			
专业能力	能够辨别不同类型的海报文案	30			
	能够正确认识海报文案的作用	20			
任务成果	任务成果符合任务要求	15			
	任务成果完成质量	15			
	总分	100			
总评	自我评价 ×20%+ 小组评价 ×20%+ 教师评价 ×60%=	综合评分		

同步实训

某蔬果网店为了提高店铺销售量，特推出产品促销活动，其海报文案为：精选新鲜球生菜　清香爽口/质地脆嫩/新鲜直达　专区满5件享8折。请你结合所学知识，从海报文案的类型、作用两方面入手，对该蔬果网店的海报文案进行分析。

实训评价

	评估内容			
序号	考核项目			评分比例/%
1	实训内容	分析	能够辨别不同类型的海报文案	80
			能够正确认识海报文案的作用	
2	实训结果	实训结果书写认真、完整、页面整洁，实训收获较大		20
	合计			100
个人总结	编写个人的实训过程及收获，如在整个过程中的收获和心得体会等			

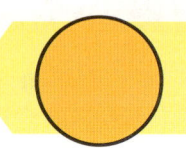

任务二 海报文案写作

案例导入

某家居企业网店的实习生为了向用户全面展现出产品优势，在海报文案中大篇幅罗列产品优点。由于海报文案内容过多，并且没有进行合理的布局排版，以至于做出的海报画面杂乱。网店运营人员发现这一问题后，认为大量密集的文字信息难以带给用户良好的视觉引导，用户也不容易从中快速捕捉到产品卖点，因此需要重新撰写海报文案。

在重新撰写海报文案时，该网店工作人员首先从用户角度出发，挖掘用户在购买产品时的痛点及需求，并从众多产品卖点中提炼出本店产品与竞品的差异化卖点，以简洁凝练的语言直接向用户展示出产品的独特优势，从而完成海报文案的撰写。接着，工作人员在海报设计中，根据用户关注重点不同，结合店铺营销需求，使用不同字体、字号、颜色等，对海报文案进行合理布局，从而使其呈现出层析清晰、重点突出的视觉效果。制作完成的海报文案如图 3-2-1 所示。

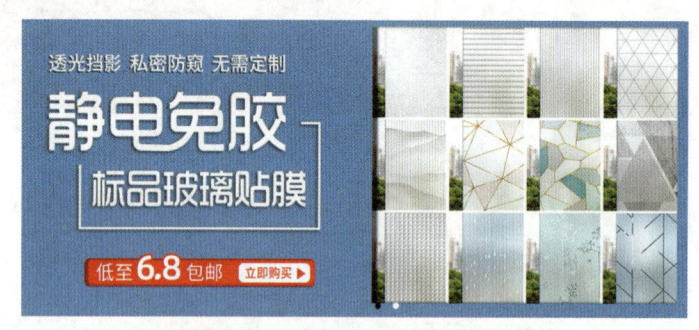

图 3-2-1 制作完成的海报文案

制作完成的海报文案与图案元素很好地融合在一起，使得整幅海报画面干净、简洁、和谐，用户通过海报也能明确产品的用途、功效，及时掌握店铺的各项营销信息，店铺产品浏览量及销售量也因此得到了有效提升。

【案例思考】

1. 海报文案的写作要点是什么？
2. 在撰写海报文案时，有哪些写作方法？

知识储备

一、海报文案写作要点

为了使海报文案既能满足企业或品牌营销需求，又能抓住用户视线，获得较好的传播效果，在进行海报文案写作时，需要注意以下几点内容。

1. 确定目标受众

符合目标受众阅读习惯的语言方式，更容易激起人们的情感共鸣，从而有效刺激用户消费需求。在海报文案写作之前，需要确定海报的目标受众，了解目标受众的阅读习惯与阅读喜好，然后依次为切入点，选择与目标受众阅读喜好一致的语言风格，结合企业或品牌营销需求展开海报文案写作，提升流量转化价值。例如，某网店产品海报文案为"24色橡皮泥　品质超轻黏土　环保配方清新无异味　孩子玩得开心　妈妈看着放心"，从"孩子""妈妈"中就可以看出，该产品的销售对象是为孩子购买玩具的家长。

2. 突出关键信息

海报文案只是海报的一部分构图元素，通常用于对使用图案难以完整诠释的信息进行辅助解读或补充说明。由于海报的空间有限，而商家想要向用户传递的信息往往又很繁杂，为了迅速抓住用户视线，使用户了解主要信息的内容并产生购买行为，因此需要提炼产品或服务的独特卖点，突出关键信息，促进销售。例如，某网店产品海报文案为"多功能玻璃瓶泡菜 / 储物 / 腌蛋 ¥5.30 起"，从产品名称、功效、价格方面对产品进行介绍，突出了产品核心卖点。

3. 语言通俗易懂

海报文案是为了向用户说明产品或服务的特点，帮助用户充分理解并感知商家需要传递的信息，从而促使用户产生购买行为的一种海报构图要素。因此，为了确保不同类型的用户都能理解海报内容所要传递的信息，需要使用通俗易懂的语言对信息进行概括总结，加深用户记忆。避免使用晦涩难懂的字词，给用户造成阅读障碍。例如，某网店产品海报文案为"长尾夹　量贩装80只　彩色混装　大中小规格买2桶送中性笔1支"，以浅显易懂的语言对产品的特点、规格、活动优惠进行概述，便于用户理解。

4. 表达简洁准确

海报文案的内容过多或过于复杂，不仅会使海报整体画面看起来拥挤，而且会使用户在阅读过程中失去耐心，并且容易使用户产生理解方面的偏差。因此，为了便于用户阅读、理解和接收信息，使用户对营销内容有准确的认知，在进行海报文案写作时，需要以简洁明了的语言对关键信息进行提炼概括，同时，确保内容表达的准确性，避免产生歧义。例如，某网店产品海报文案为"多功能削笔器　自动进笔　不易断铅　5挡粗细可调"，用语简洁，准确说明了产品的特点和功用。

二、海报文案写作方法

要想撰写出具有吸引力的海报文案，需要结合目标用户特点及营销目的，选择合适的写作方法进行创作。常用的海报文案撰写方法有以下几种。

1. 直接展示法

直接展示法是指将产品或服务的特点、优势、价值等关键信息，用通俗易懂的文字进行直白表述，让用户容易理解其中含义的一种写作方法。例如，某防晒帽的产品海报文案为"UPF50+ 黑胶涂层　高倍防晒　再送防晒袖套（码数颜色随机　限量100件）预估到手价84元　1件7折　店铺券　199-20　299-30|5月21日–5月28日"，海报文案从产品卖点、价格、活动优惠、活动时间这几个关键信息入手，对产品营销信息进行了直接说明。

2. 巧用修辞法

巧用修辞法是指运用比喻、对偶、反复等修辞手法，对产品卖点进行生动描述，使抽象的概念变得浅显易懂，让用户在阅读过程中易于理解并感受到其中趣味性的一种写作方法。例如，某咖啡糖果的产品海报文案为"××（品牌名）原味咖啡糖　咖啡味硬糖/香醇浓郁/温和焕能　你的随身咖啡厅"，海报文案中，"你的随身咖啡厅"运用比喻的修辞手法，把咖啡糖的便捷性比作随身咖啡厅，借用咖啡厅能够带给用户的切身感受来阐释咖啡糖所能带来的效果，生动形象，便于用户想象品尝咖啡糖的体验。

3. 以情托物法

以情托物法是指通过描绘人物的情感和心理状态来表现和抒发物品的特征、形态和价值，引起用户情感共鸣，达到促进销售目的的一种写作方法。例如，某白桃糖果的产品海报文案为"白桃香气/唇齿留香/甜到心间　尝尽幸福的糖果"。海报文案中，"尝尽幸福的糖果"通过描写糖果带给人甜蜜幸福的感受，来表现糖果的特点，使用户感受到糖果带给人的甜蜜感受，从而实现营销。

4. 制造悬念法

制造悬念法是指刻意设置不确定性或隐晦的线索，引起用户的好奇心和猜测，并激发用户主动去探索事物本质面貌，提升用户活跃度，吸引更多用户流量的一种写作方法。例如，某食品网店的活动海报营销文案为"冰箱囤货指南　满满的食材　大大的满足感"。海报文案中，"冰箱囤货指南"以制造悬念的形式勾起了用户的好奇心，使用户情不自禁想要了解冰箱囤货的具体内容。

项目三 海报文案策划

任务实施

任务背景

小王所在的农产品电商企业，近期定点帮扶某地的农产品，助农增收，因此要开展一场新品助农促销活动，部门经理要求小王负责本次活动海报文案的写作。小王接到任务后，需要按照海报文案写作的流程，完成农产品新品促销活动海报文案的撰写。

任务操作

完成海报文案写作，可参照如下步骤。

步骤1：了解营销需求

在撰写海报文案之前，首先需要与运营人员对接需求，了解推广的产品或服务、目标用户属性及需求、活动信息等。通过充分了解营销需求，进而准确定位文案写作重点和呈现方式，以便吸引并激发潜在用户的兴趣和关注。此外，还需要了解品牌形象、宣传口径、竞争对手等因素，以避免出现与企业形象不符或类似于竞争对手的文案内容。

小王所在企业准备上新的农产品为菠萝，该企业的运营理念为"为用户提供天然、健康、安全的食品"，以及本次促销的主题是"电商助农 乡村振兴"。通过与运营人员沟通，小王了解到在撰写该款产品的海报文案时，需要以产品基本属性为基础，以目标用户为营销对象，说明营销活动信息，体现产品差异化卖点。其中，运营人员提供的产品基本信息见表3-2-1。

表3-2-1 菠萝产品基本信息

产品的基本信息	产品的受众人群	产品的用户需求	活动信息
1. 产品名称：海南香水菠萝 2. 产品类别：水果 3. 产品规格：3斤、5斤、9斤	喜欢酸甜口味、追求健康饮食的人群	1. 口感：果肉清脆多汁、酸甜鲜美 2. 营养价值：新鲜、健康、无公害	新品8折促销，到手价23.8元起

步骤2：收集与整理信息

了解了营销需求之后，接着就需要根据营销需求收集并整理相关信息资料。小王需要撰写的电商文案类型为产品海报文案，因此需要了解产品的价值、食用等相关知识，结合店铺产品特点，提炼出产品的差异化卖点。小王使用FABE法则对菠萝的卖点进行了提炼，见表3-2-2。

（1）Feature（特征）

海南属于热带地区，是最适合菠萝生长的环境地区。它有着天然的地理优势，是香水菠萝在我国的主要产地之一。由此，小王可以从产地和环境方面可以提炼出产品卖点为：水果之乡、气候适宜、充分光照、生态种植、自然栽培等。

（2）Advantage（优点）

受到生长地域的影响，相同种类水果的口感、味道也会有一定的差别。海南地区光照充足，降水充沛，昼夜温差大，自然成熟的菠萝品质也会更好。由此，小王可以从口感和外观方面提炼出产品卖点为：口感香甜、脆甜多汁、个头饱满、果肉细腻等。

（3）Benefit（好处）

菠萝营养价值丰富，尤其以维生素C含量最高，具有清热解暑、生津止渴、帮助消化等方面的好处。由此，小王可以从食用价值方面提炼出产品卖点为：富含丰富维生素C。

（4）Evidence（证据）

菠萝营养价值之高，众多周知。小王从知名媒体评价、专家报告中截取了相关说明，用于佐证。

表3-2-2 每100克菠萝营养价值含量

营养素名称	含量	营养素名称	含量	营养素名称	含量
碳水化合物	10.80（克）	维生素A	3.00（微克）	钙	12.00（毫克）
蛋白质	0.50（克）	维生素B	18.00（毫克）	锌	0.14（毫克）
热量	41.00（大卡）	胡萝卜素	20.00（微克）	锰	1.04（毫克）
脂肪	0.10（克）	核黄素	0.02（毫克）	磷	9.00（毫克）
纤维素	1.30（克）	硫胺素	0.04（毫克）	硒	0.24（微克）
烟酸	0.20（毫克）	钾	113.00（毫克）	镁	8.00（毫克）
铜	0.07（毫克）	钠	0.80（毫克）	铁	0.50（毫克）

步骤3：撰写海报文案

收集并整理完相关信息之后，就可以开始撰写海报文案了。在撰写海报文案时，需要以简洁凝练、浅显易懂的语言突出产品卖点，体现关键营销信息，吸引用户视线并促进销售。小王结合海报文案写作要点，选择直接展示的写作方法，根据产品基本信息、产品卖点、企业营销需求等，对菠萝的海报文案进行构思、拟写，最终将其确定为：恰到

好处的甜蜜　菠萝之乡　海南香水菠萝　头茬鲜果／清甜多汁／精选好果／品质看得见　8折　到手价23.8元起。

任务思考

通过以上操作，同学们完成了海报文案写作的实训操作，请在此基础上进行思考并回答：

在进行海报文案写作时，需要考虑哪些问题？

_____
_____
_____

任务评价

按照客观、公正和公平的原则，在教师的指导下按自我评价、小组评价和教师评价三种方式对自己或他人在本任务学习中的表现进行综合评价，学习任务综合评价表见表3-2-3。

表 3-2-3　学习任务综合评价表

考核项目	评价内容	配分	自我评价	小组评价	教师评价
职业素养	具备创新意识或原创精神	10			
	具备洞察能力和分析能力	10			
专业能力	能够提炼产品卖点	20			
	能够完成海报文案写作	30			
任务成果	任务成果符合任务要求	15			
	任务成果完成质量	15			
总分		100			
总评	自我评价×20%+小组评价×20%+教师评价×60%=	综合评分			

同步实训

某糖果旗舰店需要制作一张玉米软糖的产品推广海报，其产品基本信息见表3-2-4。

请你收集并整理相关产品信息，提炼产品卖点，并遵循海报文案写作要点，选择合适的海报文案写作方法，完成玉米软糖产品海报文案的写作。

表 3-2-4　玉米软糖产品基本信息

产品的基本信息	产品的受众人群	产品的用户需求	活动信息
1. 产品名称：玉米软糖 2. 产品类别：零食 3. 产品规格：800g	喜欢甜食、糖果的人群	1. 口感：清甜软糯、 2. 价值：安全、健康、低脂肪、携带方面	优惠促销，到手价36.9元

实训评价

评估内容				
序号	考核项目			评分比例/%
1	实训内容	分析	能够提炼产品卖点	80
			能够完成海报文案写作	
2	实训结果	实训结果书写认真、完整、页面整洁，实训收获较大		20
	合计			100
个人总结	编写个人的实训过程及收获，如在整个过程中的收获和心得体会等			

项目三　海报文案策划

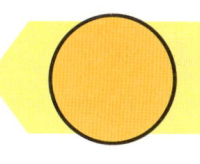

任务三　海报文案排版设计

案例导入

　　某茶品旗舰店中，蜜桃乌龙茶销量较好，为了进一步提升产品销量，为店铺吸引更多流量，店铺运营人员决定为此款产品制作一张产品营销海报。中国茶文化源远流长，雅俗共赏，从文人雅士的品茗到人民大众的饮茶，出现了层次不同、规模不一的饮茶活动。在制作海报时，店铺工作人员为了凸显茶文化的雅致之趣，同时表现出蜜桃乌龙茶的特点，确定海报文案内容为"一盏清茶曲中饮　果香怡人茶韵幽　清新甜美蜜桃＆醇厚甘润乌龙　点击购买"。在进行海报文案设计时，店铺工作人员确定文案字体颜色都为黑色，这样在粉色的背景上，不会影响文字内容的呈现效果；选用隶书、宋体两种字体，使文案视觉效果清晰、文雅，符合营销主题，便于用户识别。在进行海报文案排版时，店铺工作人员决定采用左图右文的排版，使其画面看起来更加协调。同时，文案内容以三行形式居中排列，从上至下，字号依次变小。最终制作好的海报如图3-3-1所示。

图3-3-1　蜜桃乌龙茶产品营销海报

　　该海报文案对产品做了简洁明了的介绍，排版设计层次清晰、图文呼应，给人带来良好的视觉体验。

【案例思考】

1. 在进行海报文案排版设计时，需要关注哪些要素？
2. 海报文案排版的方法有哪些？

知识储备

一、海报文案排版的原则

在进行海报文案排版时，需要遵循以下几个原则。

1. 易读性

文案排版要保证文字清晰易读。选择适当的字体大小和字距，确保文字在海报上清晰可见，并避免使用过小或过大的字体。同时，注意行间距和段落间距的合理设置，使文案整体呈现出良好的可读性。

2. 突出重点

在海报文案排版中，重点信息应该突出显示，吸引用户的注意力。可以使用粗体、大号字体或不同的颜色来强调关键词或重要信息。通过合理的排版布局，使重点信息在海报上显眼而突出。

3. 简洁明了

海报文案排版要尽量简洁明了，避免文字过多或冗长。精炼的文案能够更好地传达信息，引起观众的兴趣。使用简洁的句子和短语，准确而简明地表达核心内容。

4. 结构清晰

文案排版要有清晰的结构，使观众能够快速理解文案的逻辑和信息层次。可以使用标题、副标题、段落等来组织文案内容，使其有条理、易于阅读和理解。

二、海报文案排版方法

海报文案排版是指在海报文案布局区域内，对文字内容的排布效果进行调整、设置，使其达到美观、有序，易于用户理解阅读的视觉效果。在海报文案排版过程中，通常会用到以下几种方法。

1. 对齐

对齐指的是将设计元素沿着某个参考线或网格线进行对齐。通过对齐这些元素，可以使设计更加整齐、有条理、美观，同时提高设计的可读性和易用性。

在海报文案排版中，常见的对齐方式包括左对齐、右对齐、居中对齐等。

左对齐是以页面左端参考线为基准，将文本的左侧对齐到页面的左边缘。这种对齐方式符合多数用户从左往右阅读信息内容的浏览习惯，会给人一种稳定、统一、工整的视觉感受。

右对齐是以页面右端参考线为基准，将文本的右侧对齐到页面的右边缘。这种对齐方式与人们的日常阅读习惯不符，可能会增加文本阅读的难度，常用于次要段落信息的排版，以此突出关键内容。

居中对齐是以页面中心参考线为基准，将文本的中心线对齐到页面的中心线。这种对齐方式会使文本的层次感更加明确，整体上看来会给人一种整齐、协调、正式的视觉感受，有利于提升画面的空间感。

2. 对比

对比指的是利用元素作出某种变化前后的差异，制造强烈的对比效果，以此突出重点信息，强化视觉营销效果。通过元素的对比效果，可以让页面内容层次更加清晰鲜明，使其更具吸引力。

在海报文案排版中，常见的对比方式包括粗细对比、大小对比、疏密对比等。

粗细对比是指文字线条在大小和强度上的差异。通过粗细对比，可以使某些部分突出显示，强调重点，增加层次感，并强化视觉效果，引导用户浏览。

大小对比是指文字在尺寸上的差异。通过大小对比，可以区分文字内容的主次，增强视觉效果和表现力。此外，大小对比还可以用于创造层次感和空间感，使画面更具立体感和动态感。

疏密对比是指文字字符间距在空间关系上的差异。通过疏密对比，可以表现出深度、距离感和纵深感，用于区分不同的功能区域和强调重点内容。

3. 分组

分组指的是对文案信息进行分类整理，将具有相同属性的文案信息归类在一起。由于海报文案是从不同角度提炼出的营销信息，本就具有一定的复杂性，充分了解并分析海报文案信息的用意，对其进行分组整理，然后根据分组信息的主次关系，使用统一风格对同组文字进行设计制作，这样可以使海报文案整体更富有条理性，便于用户阅读。例如，某网店要举办促销活动，就可以按照活动主题、活动时间、活动优惠、品牌运营理念等，对海报文案信息进行分组。

任务实施

任务背景

小王完成了新品促销活动海报文案的撰写，最终将其海报文案内容确定为：恰到好处的甜蜜　菠萝之乡　海南香水菠萝　头茬鲜果/清甜多汁/精选好果/品质看得见　8

折　到手价 23.8 元起 / 电商助农　乡村振兴。接下来，小王需要根据海报文案内容，完成海报文案排版设计。

任务操作

完成海报文案排版设计，可参照如下步骤。

步骤 1：对接需求

在进行海报文案排版设计之前，需要与运营人员对接海报的制作需求，了解海报的类型、海报文案、产品图片等信息。小王通过对接运营人员获得了如表 3-3-1 所列的海报设计需求表。

表 3-3-1　海报设计需求表

海报类型	海报文案	产品图片
活动促销类海报	恰到好处的甜蜜　菠萝之乡　海南香水菠萝　头茬鲜果 / 清甜多汁 / 精选好果 / 品质看得见　8 折　到手价 23.8 元起 / 电商助农　乡村振兴	

步骤 2：布局设计

在对接完设计需求后，小王需要对设计需求进行整理与分析，然后根据设计需求来确定海报文案、产品图片等元素在版面上的位置和布局，确保设计的布局合理、美观且能够有效地传达产品的信息和价值，小王根据设计需求，最终设计出如图 3-3-2 所示的布局。

项目三海报操作示范视频

图 3-3-2　海报布局设计

步骤3：海报文案排版设计

在完成了海报的布局设计后，小王还需要根据海报类型选择合适的字体、配色、素材，并确定海报文案的排版方式，以制作出符合运营需求并且能够吸引用户注意的海报，最终小王确定的海报文案排版设计方案见表3-3-2。

表3-3-2 海报文案排版设计方案

海报字体	海报配色	海报素材	文字排版
主标题：春联标准行书体 副标题：思源黑体	主色调：黄色 辅色调：红色、绿色	树叶 菠萝块	居中对齐

收集并整理完相关信息之后，根据菠萝的文案进行海报文案排版设计，具体步骤如下。

步骤3.1：创建画布。 通过快捷键Ctrl+N或者通过"文件"→"新建"命令操作，执行"新建"命令，在打开的"新建"对话框中，新建一个宽750像素×高940像素的画布，分辨率为72像素/英寸，颜色模式为RGB，背景内容为白色，并将该文件命名为"菠萝海报文案排版设计"，如图3-3-3所示。

图3-3-3 新建文件

步骤 3.2：置入素材。置入提前准备好的"背景""树叶""菠萝产品""飘浮菠萝"素材，并且调整素材文件的大小和位置，如图 3-3-4 所示。

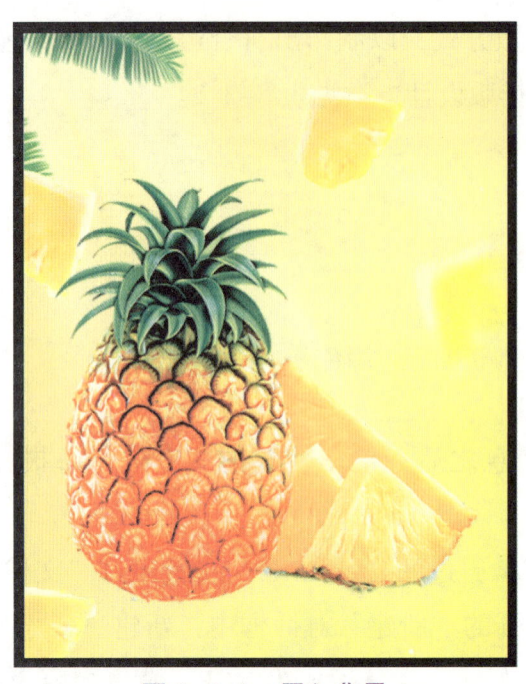

图 3-3-4　置入背景

步骤 3.3：主题文案设计。

步骤 3.3.1：置入文案背景素材。置入准备好的"文案背景"素材，并且调整素材文件的大小和位置，如图 3-3-5 所示。

图 3-3-5　置入文案背景素材

项目三　海报文案策划

步骤 3.3.2：输入文案。选择"直排文字工具",设置字体为春联标准行书体,文字设置为居中对齐,颜色为红色,输入产品文案"恰到好处的甜蜜　菠萝之乡　海南香水菠萝",如图 3-3-6 所示。

图 3-3-6　输入文案

步骤 3.3.3：添加图层样式。选中"恰到好处的甜蜜　菠萝之乡　海南香水菠萝"图层,双击进入图层样式,勾选"投影",设置投影的混合模式为正常,颜色为白色,不透明度为 100%,角度为 90 度,距离为 1 像素,参数如图 3-3-7 所示。设置完成后,图层样式效果如图 3-3-8 所示。

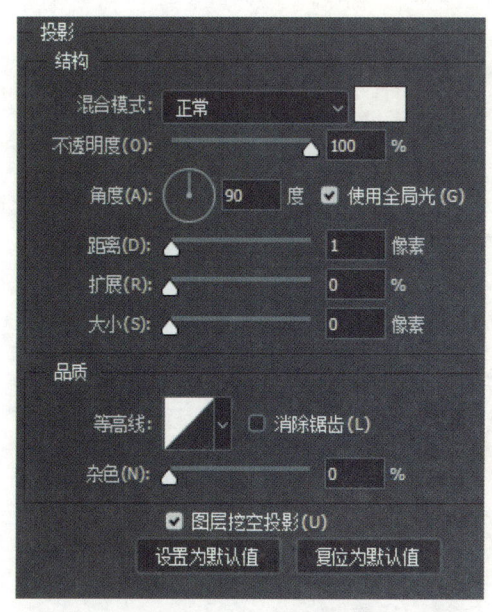

图 3-3-7　设置参数　　　　图 3-3-8　图层样式效果

111

步骤 3.4：**卖点文案设计**。选择"直排文字工具"，设置字体为阿里巴巴普惠体，文字设置为居中对齐，颜色为灰色，输入产品文案"头茬鲜果 / 清甜多汁 / 精选好果 / 品质看得见"，如图 3-3-9 所示。

图 3-3-9　卖点文案输入

步骤 3.5：**营销文案设计**。

步骤 3.5.1：**8 折营销文案设计**。

①置入准备好的"对话窗口"素材，并且调整素材文件的大小和位置，如图 3-3-10 所示。

图 3-3-10　置入对话窗口素材

②选择"横排文字工具",设置字体为阿里巴巴普惠体,文字设置为居中对齐,颜色为红色,输入产品文案"8折",如图3-3-11所示。

图 3-3-11　8 折营销文案输入

步骤 3.5.2：营销价格文案设计。

①置入文案背景。置入准备好的"文案背景"素材,并且调整素材文件的大小和位置,如图3-3-12所示。

图 3-3-12　置入文案背景素材

项目三　海报文案策划

113

②输入价格文案。选择"横排文字工具",设置字体为阿里巴巴普惠体,文字设置为居中对齐,输入产品文案"到手价23.8元起",如图3-3-13所示。

图3-3-13　输入价格文案

③设置图层样式。选中"到手价23.8元起"图层,双击进入图层样式,勾选"描边",设置描边大小为8像素,位置为外部,颜色为白色,参数如图3-3-14所示;勾选"渐变叠加",设置渐变叠加混合模式为正常,不透明度为100%,渐变颜色为浅绿和深绿,角度为132度,缩放为144%,参数如图3-3-15所示。设置完成后,图层样式效果如图3-3-16所示。

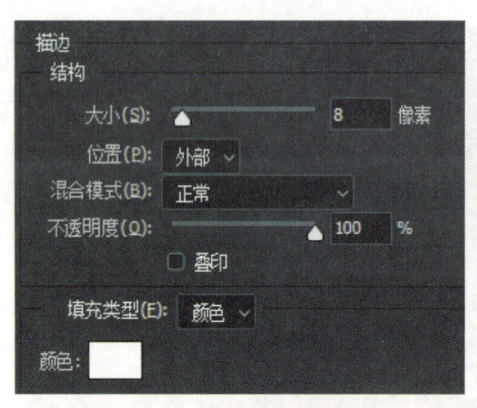

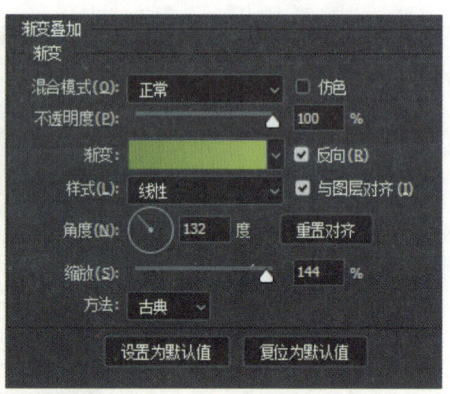

图3-3-14　设置描边　　　　图3-3-15　设置渐变叠加

图3-3-16　图层样式效果

步骤3.6：输入促销主题文案。选择"横排文字工具",设置字体为微软雅黑字体,文字设置为居中对齐,输入文案"电商助农　乡村振兴",设置描边和投影效果,如图3-3-17所示。

项目三　海报文案策划

图 3-3-17　输入促销主题文案

步骤 3.7：完成菠萝海报文案排版设计，如图 3-3-18 所示。

图 3-3-18　菠萝海报文案排版设计

任务思考

通过以上操作，同学们完成了海报文案排版设计的实训操作，请在此基础上进行思考并回答：

怎么才能使海报文案呈现出更好的视觉效果？

_____
_____
_____

任务评价

按照客观、公正和公平的原则，在教师的指导下按自我评价、小组评价和教师评价三种方式对自己或他人在本任务学习中的表现进行综合评价，学习任务综合评价表见表 3-3-3。

表 3-3-3　学习任务综合评价表

考核项目	评价内容	配分	评价分数		
			自我评价	小组评价	教师评价
职业素养	具备创新意识或原创精神	10			
	具备洞察能力和分析能力	10			
专业能力	能够合理、美观地完成海报文案设计	20			
	能够合理、美观地完成海报文案排版	30			
任务成果	任务成果符合任务要求	15			
	任务成果完成质量	15			
	总分	100			
总评	自我评价×20%+小组评价×20%+教师评价×60%=	综合评分			

同步实训

某家居网店的海报文案为：高品质花瓶　创意简约玻璃花瓶　健康零污染　你值得拥有　让美好装饰你的家。请你结合所学知识，搜集相关素材，帮助该网店工作人员完成海报文案排版设计。

实训评价

序号	评估内容			评分比例/%
	考核项目			
1	实训内容	分析	能够合理、美观地完成海报文案设计	80%
			能够合理、美观地完成海报文案排版	
2	实训结果	实训结果书写认真、完整、页面整洁，实训收获较大		20%
	合计			100%
个人总结	编写个人的实训过程及收获，如在整个过程中的收获和心得体会等			

职业视窗

坚定文化自信　利用电商文案讲好"中国故事"

习近平总书记指出，一个国家、一个民族的强盛，总是以文化兴盛为支撑的，中华民族伟大复兴要以中华文化发展繁荣为条件。党的二十大报告指出："中华优秀传统文化源远流长、博大精深，是中华文明的结晶，其中蕴含的天下为公、民为邦本、为政以德、革故鼎新、任人唯贤、天人合一、自强不息、厚德载物、讲信修睦、亲仁善邻等，是中国人民在长期生产生活中积累的宇宙观、天下观、社会观、道德观的重要体现。"

海报作为一种宣传媒体，能够将中国传统文化的精髓和魅力直观地展示给观众。而通过海报的设计和文案的内容，可以向观众传递中国传统文化的美学观念、道德伦理、人生哲学等方面的价值观念。例如，可以通过海报中的图案和文字，表达中国传统文化中的"和""谐""和谐"的理念，弘扬中华民族的团结和谐精神。在文案创作中，也可以利用中国传统诗词歌赋，恰当地选择古诗词作为海报文案，无疑会引起消费者的喜爱，从而激发购买欲望。例如，春眠不觉晓，还是"兰萝"好。——这是兰萝牌床单的广告。紧扣产品特点，巧妙引用孟浩然《春晓》中的诗句，顿生意趣，随之又接下句，嵌入品牌名称，从而使广告信息的传递准确到位。又如，车到山前必有路，有路必有丰田车。——这则广告一向被奉为文案中的经典。

中国传统文化博大精深，历史悠久，对延续和发展中华文明、促进人类文明进步发挥着重要作用。作为新时代的电商文案创作者，是成长在国家高速发展时代的"90后""00后"，我们要表现出远高于其他群体的民族认同和文化自信，在创作中要善于发掘、融合中国传统文化的精髓，成为中华文化的传播使者，让国人更好地领略中国文化魅力，向世界讲好中国故事。

项目四　主图文案策划

学习目标

【知识目标】

1. 理解主图文案的定义、类型和作用；
2. 熟悉主图文案的写作要点和写作方法；
3. 熟悉主图文案排版的方式。

【能力目标】

1. 能够依据主图文案的内容，辨别主图文案的类型并指出其作用；
2. 能够依据主图文案的写作要点和写作方法，结合营销需求，完成主图文案撰写；
3. 能够依据主图文案设计排版的方法，结合营销需求，完成主图文案的设计排版。

【素养目标】

1. 在主图文案的策划过程中，发挥创新意识，创作出有新意、有创意的主图文案；
2. 在主图文案撰写过程中，要严格遵守《中华人民共和国广告法》，树立正确的价值观，提升自身的社会责任感。

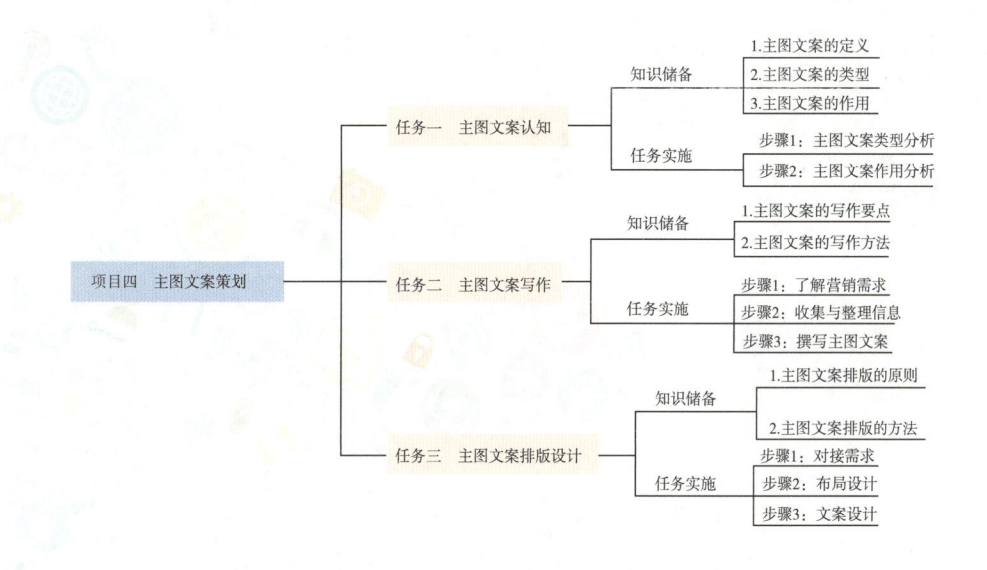

学习导图

```
                                        ┌─知识储备─┬─1.主图文案的定义
                                        │          ├─2.主图文案的类型
                          ┌─任务一 主图文案认知─┤          └─3.主图文案的作用
                          │             └─任务实施─┬─步骤1：主图文案类型分析
                          │                        └─步骤2：主图文案作用分析
                          │
                          │             ┌─知识储备─┬─1.主图文案的写作要点
                          │             │          └─2.主图文案的写作方法
项目四 主图文案策划 ──────┼─任务二 主图文案写作─┤          ┌─步骤1：了解营销需求
                          │             └─任务实施─┼─步骤2：收集与整理信息
                          │                        └─步骤3：撰写主图文案
                          │
                          │             ┌─知识储备─┬─1.主图文案排版的原则
                          │             │          └─2.主图文案排版的方法
                          └─任务三 主图文案排版设计─┤        ┌─步骤1：对接需求
                                        └─任务实施─┼─步骤2：布局设计
                                                   └─步骤3：文案设计
```

电商文案策划

学习计划

学习任务	目标计划	实施计划
主图文案认知		
主图文案写作		
主图文案排版设计		

项目导入

　　林西是一名中文系的应届毕业生，由于对电子商务颇有兴趣，在校期间他辅修了视觉设计的相关课程，也参加过许多校内电子商务大赛。毕业后，他通过校园招聘如愿应聘到一家小家电电子商务企业，主要从事电商文案策划及视觉设计的协助工作。近日，该企业想凭借"6·18"为新品造势，开展一场新品推广活动。部门主管安排林西负责本次活动的主图文案策划，为产品推广、活动宣传及用户参与保驾护航。为此，林西提前了解并深入学习了主图文案的基础知识、写作方法、设计与排版方式等相关内容。

项目四　主图文案策划

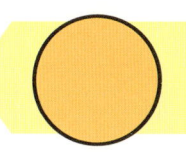

任务一　主图文案认知

案例导入

某店铺为了让用户对其近期上新的某款相机有所了解，于是从相机的款式、基本信息、特点等方面为这款相机做了一张产品推广主图，让用户能对这款相机有全面的认识，如图4-1-1所示。

主图除相机产品展示之外，采用产品介绍型文案对本款相机的重点信息做了呈现，突出了产品的差异化卖点。主图文案与主图完美契合、相互延伸，使得产品主题清晰明了；产品卖点集中而又有所侧重，使用户对产品的特点一目了然；整体配色清新自然，容易吸引用户目光。产品一经发布，不少用户就被主图及主图文案吸引，点击了解产品详情，不仅吸引了巨大的用户流量，而且使产品销量也大幅提升。

图4-1-1　相机主图文案

【案例思考】
1. 什么是主图文案？
2. 主图文案在电商营销中有什么作用？

知识储备

一、主图文案的定义

主图一般指的是电商平台中用于展示产品外观、特点、功能、价格等信息并展示在产品搜索页面或产品详情页面的一张或多张图片。主图的质量会直接影响产品的销量，

121

电商文案策划

一张质量较高的主图除了要有清晰真实的产品图、精美的设计和排版以外，还需要"吸睛"的文案。这些文案可以让产品在竞争激烈且同质化严重的市场中脱颖而出，吸引消费者的眼球，从而为产品带来销量。

主图文案作为主图的构成要素之一，主要是指主图上的各类文字内容，用于展示和传达产品的关键信息，包括产品的功能、价格、活动等。通过这些信息，用户能够清晰地了解产品的特点和优势，从而更好地进行购买决策。另外，主图文案应该简洁明了，语言表达准确生动、清晰易读，能够吸引用户的注意力。在设计主图文案时，也要考虑排版的美观性和整体效果，以便更好地呈现产品形象，提升用户体验和购买欲望。

二、主图文案的类型

一般而言，主图文案可以划分为以下两种类型。

1. 产品介绍型文案

产品介绍型文案，指电商平台在展示产品时，基于产品本身所具有的特点而采用的一种文案形式。这种文案通常包含产品名称、标题、价格等要素，从不同角度突出产品的特点和优势，让用户了解产品，吸引用户的注意力，从而促进销售。常见的产品介绍型文案从品牌文化、产品用途、制作材料、产品活动几个方面入手，对产品的营销信息做了全面介绍，如图4-1-2所示。

图4-1-2 产品卖点文案

2. 活动推广型文案

活动推广型文案，指电商平台在展示产品时，基于平台或网店推广促销活动而采用的一种文案形式。这种文案通常包含活动主题、标题、优惠信息、促销价等要素，以突出活动信息和促销优惠，吸引消费者参与活动，促进点击量，提高销售转化率。常见的活动推广型文案如图 4-1-3 所示。该家居网店以平台促销活动为核心，从促销价格上对产品优惠进行特别强调，以此吸引用户积极参与活动。

图 4-1-3　节日文案

三、主图文案的作用

主图文案在电商产品营销中扮演着至关重要的角色，其好坏将直接决定用户是否有兴趣继续浏览产品具体的详情页内容。主图文案的作用主要体现在以下几个方面。

主图文案展示与分析

1. 明确主题

主图文案是在主图上直接展示的文字信息，其主要作用是明确产品或活动的主题、定位和关键信息。通过简短有力的语言，传递清晰的产品信息，帮助用户快速做出购买决策。

图 4-1-4 所示为某店铺一款小风扇的主图文案。首先，通过主图文案的主标题"宇航员挂脖风扇"，使用户对标产品主图，对产品类型有清晰的认知，即一款被制作成宇航员外观的挂脖风扇。其次，随着产品类型的明确，通过主图文案的副标题"挂脖 × 手持 × 桌面 × 挂包"，使用户更加深入地了解这款小风扇的多种用法，有利于促进用户下单购买的概率。

图 4-1-4　小风扇文案

123

2. 延伸主图

主图文案与主图共同营造了产品整体的视觉营销效果，主图可以通过图片、插画或设计元素来吸引用户的注意力，而主图文案则在其中发挥重要的补充作用。它可以提供更多的细节、背景信息或者产品特点等，为主图增添层次感和亮点，让用户扩展遐想空间，对产品建立更为形象的认知，更好地理解产品的特点和用途，从而提高用户对产品的兴趣和购买意愿。

图4-1-5所示为某店铺一款防晒霜的主图文案。首先，通过主图文案的主标题"物理防晒 儿童专研"，使用户对产品的类型及目标人群有明确的了解。其次，通过品牌宣传语"安心防护不怕晒"，让用户了解品牌的价值理念，增强对产品的信赖感。另外，从"SPF44PA+++""抵御UVAUVB""安心配方""35g"中，用户可以对产品的基本属性有更为全面的认识，从而增加用户的购买意愿。

图4-1-5 防晒霜文案

3. 吸引用户点击

主图文案需要具备吸引用户点击的能力。精准而吸引人的文案，能够引起用户的兴趣和好奇心，促使他们主动点击了解更多信息。良好的主图文案可以激发用户的兴趣，提高点击率，进而推动产品或活动的曝光和营销效果。

图4-1-6所示为某店铺一款墨镜的主图文案。首先，通过主图文案的主标题"复古·摩登范"，让用户了解产品的风格，对产品的使用效果产生期待。其次，借助热点"许红豆同款"，提升产品的曝光量，吸引用户点击。最后，"高定板材"使用简洁明了的语言，对产品品质进行了高度概括，从而增加用户购买的可能性。

图4-1-6 墨镜文案

4. 树立品牌形象

主图文案可以通过文字的选择、风格的表达等方式来塑造和树立品牌形象。品牌特

定的语言风格、口号、标语等可以与主图融合，形成独特的品牌风格和个性特征，提升品牌的辨识度和记忆点。通过主图文案传递品牌的价值观、理念或态度，有助于建立品牌与用户之间的情感连接。

图 4-1-7 和图 4-1-8 所示分别为某店铺的单肩包和纸巾盒的主图文案。两款产品都以品牌名称作为主图文案，而且文案的排版布局也完全相同。通过这种一致性的品牌形象展示，加深了用户对品牌的印象，提高了品牌的辨识度，也有利于店铺其他产品的推广营销。

图 4-1-7　单肩包文案　　　图 4-1-8　纸巾盒文案

任务实施

任务背景

林西搜集整理了一些热销家电网店的产品主图文案，见表 4-1-1。他打算从主图文案的类型和作用两个角度对这些文案进行深入分析，选择比较容易吸引用户点击的主图文案类型，为本次"6·18"新品推广提前做好准备。

表 4-1-1　产品主图文案

序号	主图文案
1	喝杯水也能测出来 / 精准测脂
2	这才叫空调扇 / 大风力 / 超静音
3	海尔折叠洗衣机 / 三挡智能定时 / 洗脱一体 / 深层去渍 / 折后价 49 元
4	不用翻面，无油空炸 / 精准控温定时 / 不粘易清洁 / "双 12" 到手价 169.9 元
5	拒绝噪声 / 只记录你的声音 / 边充电边直播 / 200 米超远距离传输
6	网红薄饼机 / 麦饭石不粘环保材料 / 800W 大功率 / 活动价 59.9 元

任务操作

热销家电网店的产品主图文案分析,可参照如下步骤。

步骤1:主图文案类型分析

需要先对热销家电网店的产品主图文案的类型进行分析。请根据任务背景,运用所学知识分析产品主图文案的类型,并完成表4-1-2的填写。

表4-1-2 热销家电网店产品主图文案类型分析

序号	主图文案	类型分析
1	喝杯水也能测出来 / 精准测脂	
2	这才叫空调扇 / 大风力 / 超静音	
3	海尔折叠洗衣机 / 三挡智能定时 / 洗脱一体 / 深层去渍 / 折后价49元	
4	不用翻面,无油空炸 / 精准控温定时 / 不粘易清洁 / "双12"到手价169.9元	
5	拒绝噪声 / 只记录你的声音 / 边充电边直播 / 200米超远距离传输	
6	网红薄饼机 / 麦饭石不粘环保材料 / 800 W 大功率 / 活动价59.9元	

步骤2:主图文案作用分析

完成主图文案类型分析之后,需要根据每个主图文案的营销效果对其作用进行分析。请根据任务背景,运用所学知识分析主图文案的作用,并完成表4-1-3的填写。

表4-1-3 热销家电网店产品主图文案作用分析

序号	主图文案	类型分析	作用分析
1	喝杯水也能测出来 / 精准测脂		
2	这才叫空调扇 / 大风力 / 超静音		
3	海尔折叠洗衣机 / 三挡智能定时 / 洗脱一体 / 深层去渍 / 折后价49元		
4	不用翻面,无油空炸 / 精准控温定时 / 不粘易清洁 / "双12"到手价169.9元		

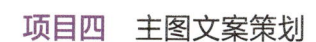

续表

序号	主图文案	类型分析	作用分析
5	拒绝噪声 / 只记录你的声音 / 边充电边直播 / 200 米超远距离传输		
6	网红薄饼机 / 麦饭石不粘环保材料 / 800W 大功率 / 活动价 59.9 元		

任务思考

通过以上操作，同学们了解了主图文案的基础知识。请在此基础上思考并回答：不同类型主图文案的特点分别是什么？

_____

_____

_____

任务评价

按照客观、公正和公平的原则，在教师的指导下按自我评价、小组评价和教师评价三种方式对自己或他人在本任务学习中的表现进行综合评价，学习任务综合评价表见表4-1-4。

表 4-1-4　学习任务综合评价表

考核项目	评价内容	配分	评价分数		
			自我评价	小组评价	教师评价
职业素养	具备创新意识或原创精神	10			
	具备洞察能力和分析能力	10			
专业能力	能够快速辨别主图文案的类型	30			
	能够正确认识主图文案的作用	20			
任务成果	任务成果符合任务要求	15			
	任务成果完成质量	15			
	总分	100			
总评	自我评价 ×20%+ 小组评价 ×20%+ 教师评价 ×60%=	综合评分			

项目四　主图文案策划

电商文案策划

同步实训

某厨房小家电专营店为了提高用户留存率，增加产品转化率，打算近期开展一次促销活动，其店铺内某款破壁机的主图文案为"低音破壁 升级八叶刀/免滤免煮/冷热双打/智能防糊底 顺丰包邮/满200减30/活动到手价：189元"。请你结合所学知识，从主图文案的类型和作用两方面入手，对该店铺的这款破壁机的主图文案进行分析。

实训评价

评估内容				
序号	考核项目			评分比例/%
1	实训内容	分析主图文案	能够快速辨别主图文案的类型	80
			能够正确认识主图文案的作用	
2	实训结果	实训结果书写认真、完整、页面整洁，实训收获较大		20
	合计			100
个人总结	编写个人的实训过程及收获，如在整个过程中的收获和心得体会等			

项目四　主图文案策划

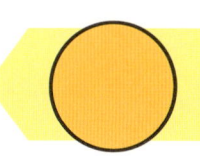

任务二　主图文案写作

案例导入

某家居旗舰店即将推出一款新的晴雨伞，需要有人负责主图文案的策划工作。但是，全体员工都忙于节前大促活动，无法抽身处理这项任务。因此，部门主管决定给予实习生张一这个机会，让他尝试独立完成此项工作，并且通过这个任务来提升自己的能力。

由于缺乏主图文案策划的经验，张一在主图文案中列举了过多的内容，修饰性描述夸大了这款伞的使用效果，产品信息、服务信息和活动信息穿插在一起。最终的排版展示效果显得内容冗杂、混乱、无序，无法突出任何重点，难以让用户产生信赖感。经过运营人员的指导，张一对自己的主图文案进行了修改，如图4-2-1所示。

图4-2-1　晴雨伞主图文案

在修改主图文案时，张一充分考虑了用户的产品需求，从用户的角度出发，筛选了产品和服务信息，精简了文案内容，优化了产品的描述性介绍，从而明确了目标，突出了这款伞的竞争优势。

【案例思考】

1. 主图文案的写作要点有哪些？
2. 在撰写主图文案时，有哪些写作方法可以用？

电商文案策划

知识储备

一、主图文案的写作要点

主图文案的写作要点包括以下几点内容。

1. 明确目标

明确主图文案的预期目标，可以更准确地把握文案方向，更好地以目标为导向实现店铺的期望，增加宣传效果和销售额。因此，主图文案要从目标视角考量，放置有利于实现目标的信息，而不是简单地罗列产品特点和促销信息。

图 4-2-2 所示为某款行李箱的主图文案，该主图文案的创作目标是通过促销活动提高产品销量，因此主图文案主要呈现的就是促销信息，如满减、活动价。

2. 划分需求

不同的产品有不同的用户，而不同的用户的消费水平往往也不同。如果产品定位为中高端产品，那么主图文案就要突出产品的质感以及带给用户的消费体验；如果产品定位为低端产品，那么主图文案就要突出产品的性价比。

图 4-2-2　旅行箱主图文案

图 4-2-3 所示为某款休闲板鞋的主图文案。该产品的定位是低端用户，因此主图文案通过突出活动价格的优惠力度、赠品和服务，向用户展示产品的性价比，吸引用户购买。

图 4-2-3　休闲板鞋主图文案

3. 精简表达

在电商平台，通常对主图的尺寸大小有一定的限制。而移动端的屏幕尺寸较小，主图文案的展示空间十分有限。因此，主图文案要尽可能精简，在有限的空间内展示产品或活动的关键信息点。

图4-2-4所示为某款柠檬的主图文案，该主图文案除了展示产品以外，只呈现了活动价格、活动规则以及产品特点，简洁精练，使用户一目了然。

图4-2-4 柠檬主图文案

4. 展示属性

用户在电商平台搜索产品时，一般会通过产品的属性词进行搜索。因此，主图文案应该重点突出产品的属性特点，既可以吸引用户的注意力，又能使店铺获得精准流量，提高产品的转化率。

图4-2-5所示为某款煎炒锅的主图文案。该主图文案展示了产品的功能属性（如耐磨不粘）、价格属性（如到手价88元）和服务属性（如质保十年、粘锅包退），使用户能够更全面地了解产品的基本信息。

图4-2-5 煎炒锅主图文案

5. 凸显差异化

主图文案如果有创意、与众不同，用户点击量就会提高，就有可能得到平台方的扶持，从而获得更多的流量。因此，主图文案要摈弃同质化内容，做有差异化的优质内容。

图 4-2-6 所示为某款吹风机的主图文案，该主图文案与大多数直接抛出卖点或促销活动的同类产品文案不同，其文案"宿舍不跳闸"可以直击用户痛点。

图 4-2-6　吹风机主图文案

二、主图文案的写作方法

主图文案的写作方法包括以下几种。

1. 利益诱导

利益诱导是指强调产品的好处或店铺打折、满减等优惠活动，并通过这些好处来诱导用户进一步了解或购买产品的一种文案写作方法。例如，某款手表在主图文案中呈现全场八折、满 300 减 30 元、满 500 减 50 元的优惠信息，使用户产生性价比高的心理，激发用户的购买意愿，如图 4-2-7 所示。

图 4-2-7　手表主图文案

2. 名人效应

名人效应是指利用知名人士的高人气或声誉来增加产品的附加价值，增强用户对产品的信赖，进而促进消费行为的一种文案写作方法。例如，某款遮阳帽在主图文案中直接标明××明星同款，以此来吸引该明星粉丝的关注和购买，如图4-2-8所示。

图 4-2-8 遮阳帽主图文案

3. 情感渲染

情感渲染是指通过使用具有情感价值的语句，营造出一个既定的氛围，激发用户的情感共鸣，让用户更愿意进一步了解或购买产品的一种文案写作方法。例如，某款足部按摩器在主图文案中通过"给咱爸妈捏捏脚"的文案来体现产品功能和目标用户，拉近与用户之间的距离，触动那些想为父母尽孝心的用户，使他们产生购买行为，如图4-2-9所示。

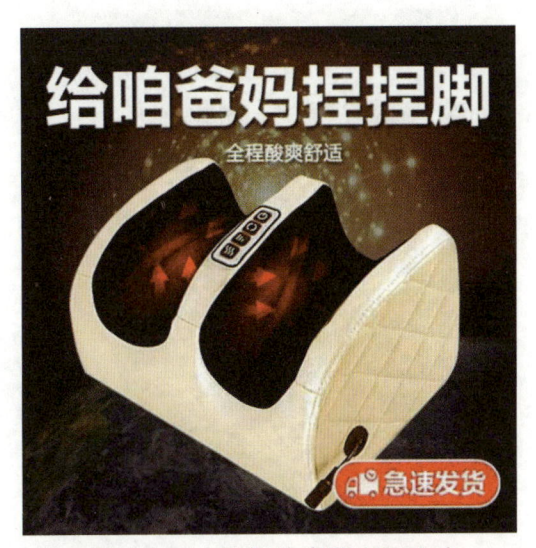

图 4-2-9 足部按摩器主图文案

4. 数字展示

数字展示是指使用数字直观地量化产品的卖点或销售情况，帮助用户更好地理解产品的价值，从而增加信任度和购买欲望的一种文案写作方法。例如，某款护肤品在主图文案中将产品容积、赠品数量、活动价格等都用数字重点显示，使用户既深入了解了产品信息，又感受到产品的优惠力度，如图4-2-10所示。

图 4-2-10 护肤品主图文案

5. 卖点凸显

卖点凸显是指将产品的独特之处或具有吸引力的特点充分展现和突出，让用户更好地了解产品的特点和优势，从而提高购买意愿和购买率的一种营销形式。例如，某款门帘在主图文案中重点凸显隐形、折叠的产品优势，以及免打孔不伤墙、高温熨烫的产品特点，以此提高用户的购买率，如图4-2-11所示。

图 4-2-11 门帘主图文案

小贴士

主图文案写作注意事项

1. 避免宣传过度

主图文案的撰写要符合客观事实，避免夸大宣传内容或使用过于夸张的修饰词。同时，也要避免在文案中使用虚假或来源不明的信息，给用户带来不良影响和负面体验。在撰写主图文案时，应当真实、客观地呈现产品或服务的特点和优势，侧重于突出产品或服务的实用性和可靠性。

2. 杜绝图文依赖

主图文案虽然是辅助主图做产品说明，但是不应该完全依赖于主图。在撰写主图文案时，应脱离主图来传达文本内容，使文本内容独立存在，即便没有主图，也要能够完整地呈现产品或服务的主题和信息，吸引到用户。同时，也要充分考虑文案和主图的协调性与匹配性，使之相互补充。

3. 防止版权纠纷

主图文案的撰写应该严格遵守版权法律法规，避免使用他人的内容信息，侵犯他人的知识产权。在撰写主图文案时，如果客观需要有所有引用，一定要在主图文案中标注来源和版权信息，防止引起版权纠纷。

4. 关注用户反馈

主图文案的撰写不仅要考虑产品自身需求和目标预期，还要关注用户的意见反馈。在撰写主图文案时，应该充分考虑用户的需求和偏好，让主图文案更符合用户的期望。同时，也要密切关注用户对主图文案的评价、点击率、跳出率等，以便准确地把握主图文案的优化方向。

任务实施

任务背景

林西通过前期搜集整理热销家电网店的产品主图文案，并进行深入分析之后，结合自家店铺的实际情况和活动预期，决定利用活动推广型文案开启本次的"6·18"新品推广。请你按照主图文案写作的流程，帮助林西完成此次新品推广活动主图文案的撰写。

任务操作

新品推广活动主图文案的撰写，可参照如下步骤。

步骤1：了解营销需求

在撰写主图文案之前，首先，要与运营人员对接文案需求，确认推广的产品，了解产品的基本信息、品牌信息、活动规划，对产品概况有大致的印象，以把握文案写作的方向和重点。其次，分析产品的目标用户、竞争对手、发展现状及发展前景等，以精准对标潜在用户，使产品经营实现可持续性。

林西所在的企业这次"6·18"新品推广的产品是榨汁机，该企业的品牌理念是"为当今时代的健康代言"。在与运营人员的深入沟通中，运营人员为林西提供了一张榨汁机产品基本信息表，见表4-2-1。同时，林西也对这款榨汁机的文案需求做了总结，即"以用户为导向，突出产品的差异性，明确活动信息"。

表 4-2-1　榨汁机产品基本信息

产品的基本信息	产品的受众人群	产品的用户需求	活动信息
1. 产品名称：榨汁机 2. 产品类别：小家电	喜欢喝蔬果汁、注重养生、热爱健身的人群	1. 方便携带 2. 操作简单 3. 使用安全	新品8折，活动到手价：49.9元

步骤2：收集与整理信息

了解了营销需求之后，根据需求开始收集和整理一切与产品相关的资料信息。林西要撰写的是榨汁机新品推广的主图文案，因此他要了解这款榨汁机的特点和竞争优势。林西采用AIDMA法则，对这款榨汁机的特点和竞争优势进行了提炼。

（1）Attention（注意）

通过了解，这款榨汁机充满一次电可以榨10杯饮品，机身如一个普通水杯的大小，而且可以拆洗，避免了一体机带来的电源进水问题。因此，林西可以从这款榨汁机的特点提炼出它的卖点，即"无线便携/小机身大容量/现榨鲜喝/可拆洗"，吸引喜欢喝蔬果汁、注重养生、热爱健身这部分用户的注意。

（2）Interest（兴趣）

这款榨汁机卖点中的"无线便携"，会使用户产生很多畅想，比如：出去爬山时可以带上，充一次电能榨10杯，几个人也够喝，体积小又方便携带，还能现榨鲜喝；最近想调节饮食结构，用榨汁机每天早上榨一杯蔬菜汁喝感觉很方便等。因此，用户会在宏观

层面上对这款榨汁机产生一定的兴趣。

（3）Desire（欲望）

在现实需求和情感暗示的双重动力驱使下，用户对榨汁机的向往会越发强烈，就会很容易引发用户对榨汁机的购买欲望。

（4）Memory（记忆）

倘若用户当时没有用过此类产品，也没有这方面的需求，对相关产品的可信度存疑，但当日后某天获得别人的使用分享，或者自己有现实需求时，人们还是很容易想到这款榨汁机的卖点"无线便携/小机身大容量/现榨鲜喝/可拆洗"。

（5）Action（行动）

一旦用户对这款榨汁机有了记忆，当他们有现实需求或想尝试新事物时，就有很大可能产生下单购买这款"无线便携/小机身大容量/现榨鲜喝/可拆洗"的榨汁机的行动。

步骤3：撰写主图文案

收集与整理完榨汁机的资料信息后，就可以开始主图文案的撰写了。在撰写主图文案时，要简明扼要、突出榨汁机的卖点，以需求为导向强调榨汁机的差异性，以吸引用户的注意，实现下单采购。林西根据主图文案的写作要点，采用利益诱导的方式，结合榨汁机的基本信息、卖点、企业营销需求等进行综合考量，撰写了这款榨汁机的主图文案，即"无线便携/小机身大容量/现榨鲜喝/可拆洗/新品8折活动到手价：49.9元"。

任务思考

通过以上操作，同学们完成了主图文案写作的实训。请在此基础上思考并回答：在撰写主图文案时，要考虑哪些要素？

_____
_____
_____

任务评价

按照客观、公正和公平的原则，在教师的指导下按自我评价、小组评价和教师评价三种方式对自己或他人在本任务学习中的表现进行综合评价，学习任务综合评价表见表4-2-2。

表 4-2-2　学习任务综合评价表

考核项目	评价内容	配分	评价分数		
^	^	^	自我评价	小组评价	教师评价
职业素养	具备创新意识或原创精神	10			
^	具备洞察能力和分析能力	10			
专业能力	能够明确主图文案写作要点	20			
^	能够掌握主图文案写作方法	20			
^	能够完成主图文案的撰写	20			
任务成果	任务成果符合任务要求	10			
^	任务成果完成质量	10			
	总分	100			
总评	自我评价×20%+小组评价×20%+教师评价×60%=	综合评分			

同步实训

某文具旗舰店需要制作一张笔记本的产品主图，其产品基本信息见表4-2-3。请收集并整理相关产品信息，提炼产品卖点，并遵循主图文案写作要点，选择合适的主图文案写作方法，完成笔记本主图文案的写作。

表 4-2-3　笔记本产品基本信息

产品的基本信息	产品的受众人群	产品的用户需求	活动信息
1. 产品名称：活页笔记本 2. 产品类别：文具 3. 产品规格：A4，240页	学生	1. 性价比高 2. 可拆卸、不透墨	送80张DIY贴纸，到手价7.9元

实训评价

	评估内容			
序号	考核项目			评分比例/%
1	实训内容	主图文案写作	能够明确主图文案写作要点	80
^	^	^	能够掌握主图文案写作方法	^
^	^	^	能够完成主图文案的撰写	^

续表

评估内容			
序号	考核项目		评分比例 /%
2	实训结果	实训结果书写认真、完整、页面整洁，实训收获较大	20
		合计	100
个人总结			编写个人的实训过程及收获，如在整个过程中的收获和心得体会等

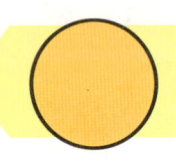

任务三　主图文案排版设计

案例导入

某小商品专营店有一款眼罩，从上新以来，其销量在店铺内一直遥遥领先，用户反响也非常好。为了增加销量，提升产品曝光率，获得更多的点击转化，运营人员决定对产品主图文案进行优化更新。随后，领导把这一任务安排给了负责电商文案策划的秦飞。

秦飞重新梳理了产品信息、服务信息和活动信息，在文案撰写和设计排版上做了全新的调整，如图4-3-1所示。字体颜色全部换成了白色，与主图的马卡龙色系以及眼罩颜色形成鲜明的对比，"0压感"的字号调整及加粗使眼罩的卖点更加突出，"送4重好礼"的红色底色使得活动信息容易引起用户注意，文案全部居左对齐让整个文案展示显得既整齐又有层次。

图4-3-1　眼罩主图文案设计排版

【案例思考】

在进行主图文案排版时，可以采用哪些方法？

项目四 主图文案策划

知识储备

一、主图文案排版的原则

在进行主图文案排版时，需要遵循以下几个原则。

1. 简洁明了

主图文案要尽量简洁明了，用简洁的语言表达核心信息，避免冗长的句子和复杂的措辞，以便读者能够快速理解文案的主旨。

2. 重点突出

主图文案的排版要突出重点信息，使用户能够迅速理解和记住关键信息。可以选择适当的字体大小和粗细，确保文案在主图上清晰可见，并与图像形成鲜明对比。

3. 位置合理

主图文案的位置要合理布局，与图像相互呼应。可以将文案放置在主图的空白区域或与图像形成对比的位置，以吸引观众的注意力。

4. 色彩搭配合理

选择与主图或整体设计风格相配的颜色，以确保文案与背景相对独立且易于阅读。避免使用过于鲜艳或对比度过高的颜色，以免影响可读性。

二、主图文案排版的方法

电商主图文案排版，指在电商平台上，针对产品主图进行的文案描述或标签的排版工作。通过排版使整个设计看起来清晰、易于阅读、吸引人，并能够有效地向用户传达产品信息和产品卖点。具体来说，主图文案排版主要有以下3种方式。

1. 左对齐

电商主图文案左对齐，是指将产品主图上的文案元素在主图上沿左侧对齐排列，这种排版方式使主图文案看起来整齐有序、有方向感，适合阅读。同时，也有利于消费者快速了解商品信息。它适用于文字短、排版简单的场景，如商品信息和促销价格等，如图4-3-2所示。

图 4-3-2　居左文案示例

141

2. 右对齐

电商主图文案右对齐，是指将产品主图上的文案元素在主图上沿右侧对齐排列，这种排版方式一般很少用到，只有为了个性或是右边实在需要对齐才会用到。当沿着某一版块或素材排列文字的时候，如果使用右对齐，会比左对齐和居中对齐有更好的表达效果，如图4-3-3所示。一定要记住这是特例。

3. 居中对齐

电商主图文案居中对齐，是指将产品主图上的文案元素在主图上沿中心对齐排列，这种排版方式使主图文案看起来更具有平衡感和美感，而且由于结构稳定居中，使文案的标题感很强。其适用于排版相对复杂或者需要凸显重点信息的产品，如品牌名称和产品特点等，如图4-3-4所示。

图4-3-3　居右文案示例

图4-3-4　居中文案示例

任务实施

任务背景

林西在完成了主图文案的撰写工作后，开始着手主图文案的排版。通过对文案的分析，林西决定适当调整一下字体、间距等，给文案添加一些元素，文案的配色与品牌主题色（马卡龙系绿色）保持一致，采用简约风，统一按居左对齐排版。请你按照主图文案排版的一般步骤，帮助林西完成此次活动主图文案的排版。

项目四操作示范视频

任务操作

新品推广活动主图文案的排版,可参照如下步骤。

步骤1:对接需求

在进行主图文案排版之前,需要与运营人员对接主图的制作需求,了解主图的类型、风格、文案、产品图片等信息。林西通过对接运营人员获得了主图设计需求表,见表4-3-1。

表 4-3-1 主图设计需求表

主图类型	主图风格	主图文案	产品图片
产品介绍类主图	简约型	无线便携 / 小机身大容量 / 现榨鲜喝 / 可拆洗 / 新品 8 折 活动到手价:49.9 元	

步骤2:布局设计

在对接完设计需求后,林西需要对设计需求进行整理与分析,然后根据最终整理的设计需求确定主图文案、产品图片等元素在版面上的布局和具体位置,使整个设计的布局既合理、美观,又能有效传达产品的信息和价值。林西根据设计需求,对主图文案最终的布局设计如图4-3-5所示。

图 4-3-5 主图文案布局设计

步骤 3：文案设计

在完成了主图的布局设计后，林西需要根据主图的类型，选择合适的字体、配色、素材并确定主图文案的排版方式，以制作出符合运营需求且能够吸引用户注意的主图。林西最终确定的主图文案排版设计方案见表 4-3-2。

表 4-3-2　主图文案排版设计方案

字体	配色	背景	排版方式
思源黑体	主色调：绿色 辅色调：粉色、灰色	浅绿色立体背景	左对齐

收集并整理完相关信息之后，根据榨汁机的文案进行主图文案排版设计，具体步骤如下。

步骤 3.1：创建画布。 通过快捷键 Ctrl+N 或者通过"文件"→"新建"命令操作，执行"新建"命令，在打开的"新建"对话框中，新建一个宽 800 像素 × 高 800 像素的画布，分辨率为 72 像素 / 英寸，颜色模式为 RGB，背景内容为白色，并将该文件命名为"榨汁机主图文案排版设计"，如图 4-3-6 所示。

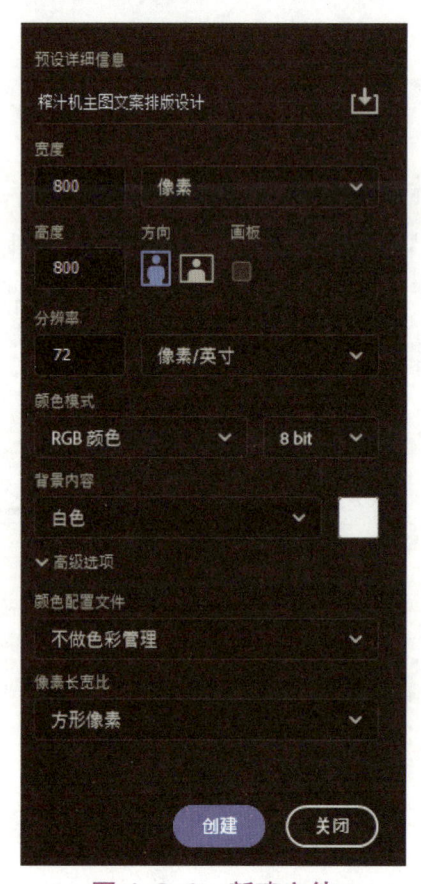

图 4-3-6　新建文件

步骤 3.2：置入背景素材。 置入提前准备好的"背景"素材,并且调整素材文件的大小和位置,如图 4-3-7 所示。

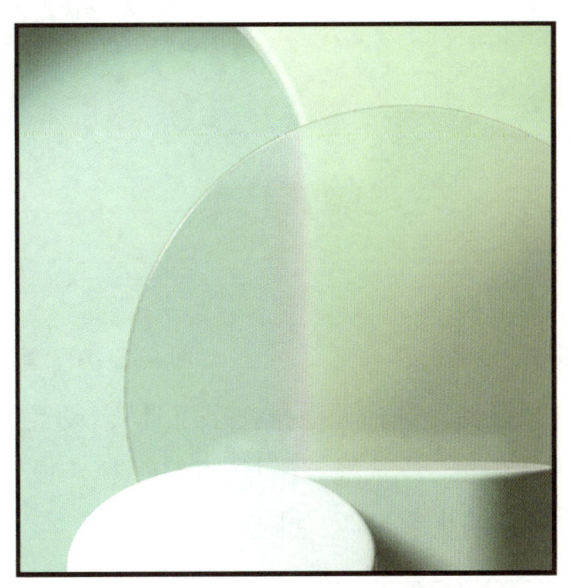

图 4-3-7 置入背景素材

步骤 3.3：置入榨汁机素材。 在画布右侧置入提前准备好的"榨汁机"素材,并且调整素材文件的大小和位置,如图 4-3-8 所示。

图 4-3-8 置入"榨汁机"素材

步骤 3.4：左侧文案排版设计。

步骤 3.4.1：顶部 LOGO 设计。 选择"矩形工具",绘制一个 137 像素 ×123 像素的矩形,设置矩形颜色为浅绿色,如图 4-3-9 所示;选择"横排文字工具",设置字体为思源黑体,颜色为黑色,输入产品文案"LOGO",如图 4-3-10 所示。

电商文案策划

图 4-3-9　绘制矩形　　　　　　图 4-3-10　输入"LOGO"

步骤 3.4.2：主题文案设计。 选择"横排文字工具",设置字体为思源黑体,颜色为黑色,输入产品文案"无线便携";选择"横排文字工具",设置字体为思源黑体,颜色为黑色,输入产品文案"小机身大容量",如图 4-3-11 所示。

图 4-3-11　输入主题文案

步骤 3.4.3：卖点文案设计。 选择"横排文字工具",设置字体为思源黑体,颜色为黑色,输入产品文案"√现榨鲜喝 √可拆洗 √新品 8 折",如图 4-3-12 所示。

步骤 3.4.4：价格文案设计。 选择"椭圆工具",绘制一个 288 像素 × 288 像素的圆形,设置圆形颜色为浅绿色,如图 4-3-13 所示;选择"横排文字工具",设置字体为思源黑体,颜色为白色,输入产品文案"活动到手价：¥49.9",如图 4-3-14 所示。

图 4-3-12　输入卖点文案

146

项目四　主图文案策划

图 4-3-13　绘制椭圆

图 4-3-14　输入价格文案

步骤 3.5：榨汁机主图文案的最终设计排版效果，如图 4-3-15 所示。

图 4-3-15　榨汁机主图文案设计排版效果图

任务思考

通过以上操作，同学们完成了主图文案设计排版的实训。请在此基础上思考并回答：

在进行主图文案设计排版时，要考虑哪些设计要素？有哪些排版方式？

_____
_____
_____

147

电商文案策划

任务评价

按照客观、公正和公平的原则，在教师的指导下按自我评价、小组评价和教师评价三种方式对自己或他人在本任务学习中的表现进行综合评价，学习任务综合评价表见表4-3-3。

表 4-3-3　学习任务综合评价表

考核项目	评价内容	配分	评价分数		
			自我评价	小组评价	教师评价
职业素养	具备创新意识或原创精神	15			
	具备洞察能力和分析能力	15			
专业能力	能够完成主图文案的设计	20			
	能够完成主图文案的排版	20			
任务成果	任务成果符合任务要求	15			
	任务成果完成质量	15			
总分		100			
总评	自我评价×20%+小组评价×20%+教师评价×60%=	综合评分			

同步实训

假设你是一名视觉设计专业的应届生毕业生，毕业后应聘到某电商企业，就职于美工设计岗位。恰逢年终大促，领导安排你负责本次活动的主图文案排版工作。请你根据所学主图文案排版的相关知识，完成本次活动的主图文案排版工作。

实训评价

评估内容				评分比例/%
序号	考核项目			
1	实训内容	主图文案排版	能够完成主图文案的设计	80
			能够完成主图文案的排版	

续表

评估内容			
序号	考核项目		评分比例 /%
2	实训结果	实训结果书写认真、完整、页面整洁，实训收获较大	20
	合计		100
个人总结	编写个人的实训过程及收获，如在整个过程中的收获和心得体会等		

职业视窗

怀工匠之心，创优质文案

李克强总理在 2016 年《政府工作报告》中首提"工匠精神"，2021 年 9 月，工匠精神被纳入中国共产党人精神谱系的伟大精神。

工匠精神是一种对工作精益求精、追求完美的态度和价值观。它代表着对工作的热爱、对技艺的追求、对品质的坚持和对创新的追求。工匠精神的核心是注重细节、追求卓越、持续改进和创新思维。

我们要在文案创作中充分发挥工匠精神，对文字和语言的精益求精、追求完美。文案岗位的工匠精神主要体现在以下几个方面：

1. 对文字的精益求精：我们需要对文字有着极高的要求，不断推敲、修改，力求每一个字都完美无瑕，表达准确、生动。

2. 对语言的追求完美：文案人员需要追求语言的完美，不断锤炼语言表达能力，用最简练、最优美的语言传达信息，让读者产生情感共鸣。

3. 对细节的把控：文案创作者需要把控每一个细节，从标点符号到字体大小，从排版到色彩搭配，每一个细节都要精益求精，力求达到最佳的呈现效果。

4. 对创意的追求：文案人员需要不断追求创意，打破思维定式，用独特的方式呈现信息，让文案独具匠心，引人入胜。

5. 对工作的热爱：文案人员需要热爱工作，对工作充满热情和激情，不断学习和提升自己的专业素养，以更高的标准要求自己，为工作注入更多的热情和创造力。

项目五　详情页文案策划

学习目标

【知识目标】

1. 理解详情页文案的定义、框架和作用；
2. 熟悉和理解详情页文案的写作要点与写作方法；
3. 熟悉详情页文案设计与排版的方法。

【能力目标】

1. 能够依据详情页文案的内容，辨别详情页的组成框架；
2. 能够依据详情页文案的写作要点和方法，结合产品需求，完成详情页文案写作；
3. 能够依据详情页文案设计与排版的方法，结合运营需求，完成详情页文案框架布局设计和文案排版设计。

【素养目标】

1. 具备良好的逻辑思维能力，能够将页面布局框架组织成易于理解的形式；
2. 具备创新思维能力，能够结合产品信息挖掘出独特的产品卖点，让详情页文案更具吸引力；
3. 具备法律意识，在电商文案写作过程中严格遵守《中华人民共和国广告法》《中华人民共和国著作权法》等相关法律法规。

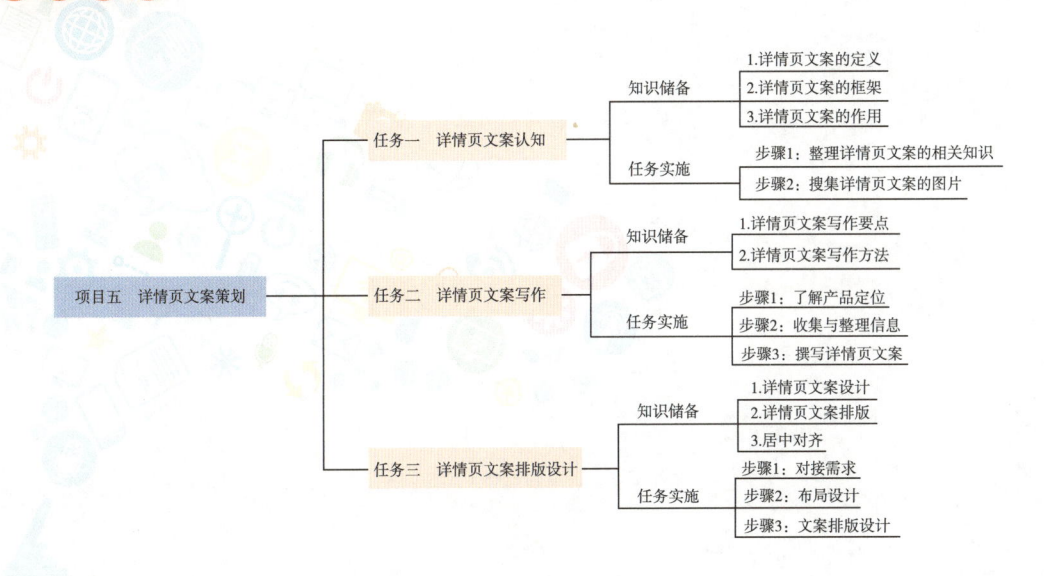

学习导图

项目五　详情页文案策划
- 任务一　详情页文案认知
  - 知识储备
    - 1.详情页文案的定义
    - 2.详情页文案的框架
    - 3.详情页文案的作用
  - 任务实施
    - 步骤1：整理详情页文案的相关知识
    - 步骤2：搜集详情页文案的图片
- 任务二　详情页文案写作
  - 知识储备
    - 1.详情页文案写作要点
    - 2.详情页文案写作方法
  - 任务实施
    - 步骤1：了解产品定位
    - 步骤2：收集与整理信息
    - 步骤3：撰写详情页文案
- 任务三　详情页文案排版设计
  - 知识储备
    - 1.详情页文案设计
    - 2.详情页文案排版
    - 3.居中对齐
  - 任务实施
    - 步骤1：对接需求
    - 步骤2：布局设计
    - 步骤3：文案排版设计

电商文案策划

学习计划

学习任务	目标计划	实施计划
详情页文案认知		
详情页文案写作		
详情页文案排版设计		

项目导入

小张在一家3C电商企业工作，主要负责的是电商文案策划相关工作。近期该企业准备上架一批新产品，上架前需要完成新产品详情页文案策划工作。为了销售新产品，使用户了解产品信息，激发用户购买行为，领导安排小张完成本次详情页文案的策划工作。对此，小张需要提前了解详情页文案的定义、框架、作用，熟悉详情页文案的写作要点、写作方法，掌握详情页文案的设计、排版。

项目五　详情页文案策划

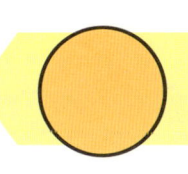

任务一　详情页文案认知

案例导入

某玩具企业网店为了提高店铺转化率，在详情页文案中增加大篇幅关联信息。由于详情页关联信息过多，用户在浏览详情页过程中难以看到产品信息，用户需要翻阅关联信息才能看到产品介绍页面，从而导致详情页篇幅太长且没有逻辑，店铺用户流失严重。网店运营人员发现这一问题后，迅速对详情页文案进行优化。

运营人员首先从用户角度出发，挖掘用户商品痛点和需求，并从产品中提炼出与竞品的差异化卖点，以简洁明了的文案直接向用户展示出产品的独特优势，从而完成详情页文案的撰写。接着，运营人员在详情页文案设计中，根据详情页内容调整了关联信息篇幅，结合详情页需求，将关联信息精简、合理布局，从而使其呈现出逻辑清晰、卖点突出的视觉效果。优化后的详情页文案如图5-1-1所示。

图5-1-1　优化后的详情页文案（部分截图）

优化了详情页文案内容，使整个详情页篇幅缩短，详情页画面干净、简洁、和谐，用户通过详情页也能明确了解产品信息、卖点，及时掌握产品的各项信息，产品的销售量也因此得到了有效提升。

【案例思考】

1. 什么是详情页文案？
2. 详情页文案有哪些作用？

知识储备

一、详情页文案的定义

详情页通常是指电商平台中，商家对商品信息进行全面介绍的页面，一般由商品图片、商品视频、商品参数信息和商品详情描述构成，是消费者了解商品的重要窗口，也是商家推广营销商品的主要阵地。

详情页文案作为详情页的构成要素之一，主要是通过文字、图片等元素全面展示商品的功能、特性以及销售、物流、售后等方面的信息，从而增加消费者对商品的兴趣，激发消费者的潜在需求，引导消费者下单。

二、详情页文案的框架

产品详情页是展示产品信息的"主战场"，好的详情页文案框架不仅能够让用户清晰明了地了解产品信息，还能引导用户浏览整个产品详情页，使用户更加全面、详细地了解产品。通常一个完整的详情页文案框架由焦点图文案、商品规格参数、商品细节展示文案、模特图文案、场景图文案、同类对比图文案、买家秀文案、实力展示文案、购物须知文案、品牌文化文案等构成，具体内容见表5-1-1。

表 5-1-1 详情页文案框架

详情页文案框架	主要内容
焦点图文案	焦点图位于商品详情页的最顶端，是吸引用户浏览整个详情页的关键页面。其文案旨在突出商品的核心卖点，包括商品的特点和优势等，以吸引用户的注意和激发用户继续浏览详情页的兴趣。焦点图文案要能够突出商品的核心卖点，能够在第一时间吸引买家的眼球和注意力，这就要求在撰写焦点图文案的时候做到简洁明了，能够抓住用户的痛点，突出商品的特点和优势

续表

详情页文案框架	主要内容
商品规格参数	商品规格参数主要罗列产品的规格参数信息，如品名、颜色、尺寸、材质等信息，帮助用户了解产品的具体规格和特征，以便用户更好地进行购买决策
商品细节展示文案	商品细节展示文案主要是对展示的细节图进行表述的文字，旨在让用户能够深入地了解产品的功能、特点、工艺等信息，帮助用户更好地进行购买决策
模特图文案	模特图主要展示商品的穿戴或使用效果，可以帮助用户更好地了解商品的款式、尺寸、搭配方式等，为用户提供一种身临其境的购物体验，其文案主要是对商品款式、颜色、尺码等信息的描述
场景图文案	场景图主要根据商品的用途和特点搭建生活化、场景化的环境，其文案主要介绍商品的使用场景、功能效果等信息，让买家直观地感受商品的实际穿戴或使用效果，以产生投射效应
同类对比图文案	同类对比图主要展现了产品与同类竞品的差异，让用户感受到产品特点和优势等，其文案主要介绍了产品的性能、功能和特点等信息，帮助用户直观了解商品的价值和优势
买家秀文案	买家秀图主要展现用户客观的评价，让用户感受到产品功能和质量等，旨在帮助用户对产品产生满意度，提升购物体验感。买家秀文案主要介绍了产品真实的评价和反馈等信息，帮助用户直观了解产品的使用情况和效果，以便增加用户购买信心
实力展示文案	实力展示主要展示产品的资质认证、服务、制造等产品生产制造实力，其文案主要是帮助用户更好地了解产品的品质和优势
购物须知文案	购物须知文案主要介绍了产品的使用方法、注意事项、退换货的条件和流程等信息，帮助用户更好地了解产品售后保障服务，打消用户购买的疑虑
品牌文化文案	品牌文化文案主要介绍了品牌历程、品牌理念、品牌故事等信息，帮助用户更好地理解品牌价值，树立品牌形象，建立用户和品牌的情感，从而增加对品牌的好感和忠诚度

三、详情页文案的作用

产品详情页是决定产品能否成交的关键因素。好的详情页文案能够最大限度展现产品卖点，帮助用户了解产品的各项信息，延长用户在页面的停留时间；同时，详情页文案还可以间接引导用户的购买行为，对详情页的转化具有决定性作用。详情页文案的作用主要有以下几个方面。

良品铺子详情页文案展示与分析

1. 介绍产品

详情页文案在产品介绍中扮演着至关重要的角色。它不仅仅是传递产品基础信息的工具，更是引导用户深入了解产品的窗口。详情页文案不仅向用户提供产品的基础信息，如品牌、材质、属性等，还详细描述产品的细节、功能、使用场景和适宜的人群等信息，让用户能够更全面地认知产品，从而为他们的购买决策提供支持和指导。

2. 引导消费转化

详情页作为产品转化环节的最后一道关口，不仅需要向用户展示产品的特点和优势，还需要巧妙引导用户进行购买。通过精心设计的详情页框架和详情页文案，可以有效地引导用户浏览完整的产品详情，并让他们对产品及店铺服务有更深入、全面的了解与认知，增强他们对产品及店铺服务的了解与认知，减少购买犹豫并促使快速购买决策的形成。这种有针对性的引导和促进购买的手段，对于提高产品转化率具有重要作用。

3. 塑造品牌形象

详情页文案不仅是介绍商品信息的工具，它本身也承载着传递品牌价值和塑造品牌形象的重要使命。通过恰当的语言风格、专业的表达方式以及准确的信息传递，详情页文案有助于在用户心中建立良好的品牌形象、提高用户对品牌的信任感和认可度。

任务实施

任务背景

由于小张前期没有撰写过详情页文案，对详情页文案的了解不够深入，请根据所学知识，帮助小张整理出详情页的基本框架并说明其包括的内容，并上网搜集相应的详情页文案图片，进一步加深对详情页文案的认识。

任务操作

完成详情页文案框架的认识，可参照如下步骤。

步骤1：整理详情页文案的相关知识

请根据所学知识，帮助小张梳理出详情页文案的基础框架，并完成表5-1-2的填写。

项目五　详情页文案策划

表 5-1-2　详情页文案的认识

详情页文案框架	内容说明

步骤 2：搜集详情页文案的图片

完成了详情页文案的认识后，小张还需要进一步加强对每一种详情页文案框架的认识，请帮助他上网搜集每个框架详情页文案的图片 2 张，并将搜集到的图片截图放在表 5-1-3 中。

表 5-1-3　详情页文案框架分析

详情页框架	相关图片

任务思考

通过以上操作，了解了详情页文案基础知识，请在此基础上进行思考并回答：详情页文案对产品的作用有哪些？

_____
_____
_____

157

电商文案策划

任务评价

按照客观、公正和公平的原则，在教师的指导下按自我评价、小组评价和教师评价三种方式对自己或他人在本任务学习中的表现进行综合评价，学习任务综合评价表见表5-1-4。

表 5-1-4 学习任务综合评价表

考核项目	评价内容	配分	评价分数 自我评价	评价分数 小组评价	评价分数 教师评价
职业素养	具备创新意识或原创精神	10			
职业素养	具备洞察能力和分析能力	10			
专业能力	能够了解详情页文案的定义	10			
专业能力	能够认识详情页文案框架的构成	20			
专业能力	能够正确认识详情页文案的作用	20			
任务成果	任务成果符合任务要求	15			
任务成果	任务成果完成质量	15			
总分		100			
总评	自我评价×20%+小组评价×20%+教师评价×60%=	综合评分			

同步实训

某玩具网店近期推出了一款新品——泡泡机，如图5-1-2所示，请根据所学知识，帮助网店制作出详情页的框架，说明选择框架的原因，并完成表5-1-5的填写。

图 5-1-2 泡泡机产品图

项目五 详情页文案策划

表 5-1-5 分析选择详情页文案框架的原因

选择详情页框架	选择原因

实训评价

评估内容				
序号	考核项目			评分比例 /%
1	实训内容	分析详情页文案	能够完成详情页文案框架设计	80
^	^	^	能够正确认识详情页文案的作用	^
2	实训结果	实训结果书写认真、完整、页面整洁，实训收获较大		20
合计				100
个人总结	编写个人的实训过程及收获，如在整个过程中的收获和心得体会等			

159

电商文案策划

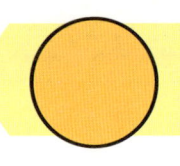

任务二　详情页文案写作

案例导入

某百货企业网店的一款详情页转化很差，在详情页中，大篇幅文案介绍产品。由于详情页文案内容过多，卖点信息没有梳理清楚，导致详情页卖点信息混乱，用户在详情页中难以捕捉产品核心卖点，从而造成产品转化差。网店运营人员发现这一问题后，迅速对详情页文案进行优化。

运营人员首先从用户角度出发，采用九宫格思考法，以产品为中心，挖掘用户在购买产品时的痛点及需求，将联想的卖点信息填写在其余8个空内，以简短的语句直接向用户展示出产品的独特优势，从而完成详情页文案的撰写。接着，运营人员在详情页设计中，根据联想的8个卖点，搭配不同字体、字号、颜色等，对详情页文案进行合理布局，从而使其呈现出有组织、有层次的视觉效果。优化后的详情页文案如图5-2-1所示。

图 5-2-1　优化后的详情页文案

优化后的详情页文案卖点清晰，使消费者能够在最短时间内了解产品，其中提炼的产品卖点起到营销作用，产品销售量也因此得到了有效提升。

【案例思考】

1. 详情页文案的写作要点是什么？
2. 在撰写详情页文案时，有哪些写作方法？

知识储备

一、详情页文案写作要点

产品详情页是向用户传递产品信息的重要途径，对网店客户的留存转化起着至关重要的作用。想要抓住用户的眼球，激发用户购买行为，在进行详情页文案写作时，需要注意以下几点内容。

1. 紧贴产品定位

不同风格或类型的商品，其目标用户群体的特点和属性也各不相同。要想提高商品销售量，就要能够引起目标用户情感共鸣，提升目标用户对商品的好感度，从而促成交易。由于详情页是用户全面了解商品详细信息的主要途径，因此，在撰写详情页文案时，需要以目标用户特点和属性为核心，围绕商品定位，包括商品的特性、功能、优势等，选择合适的词汇和语言风格，充分展现商品特色，以吸引目标用户的注意力。

2. 描述简洁明了

详情页文案是从多维度对商品特性、功能、优势进行全方位的展现，其内容本就具有一定的庞杂性。而处在当今快节奏的时代背景下，用户在购物过程中，更希望能够在短时间之内了解到丰富的信息内容。因此，为了避免用户失去耐心，降低用户理解信息的难度，在撰写详情页文案时，需要提炼关键信息，以简洁明了的语言对所要表达的内容进行概括性描述，尽量使用短句、短语等总结要点，提高信息的传播效率与用户浏览体验。

3. 抓住消费者的痛点

详情页文案要针对商品的核心优势、特点和功能等进行精准描述，强调商品的独特之处，以吸引目标消费者的关注，帮助消费者充分理解商品传递的信息，从而促使消费者产生购买行为。因此，详情页文案要提炼精简、突出卖点、描述清楚，使消费者快速找到核心痛点内容。避免详情页文案没有关键信息突出，让消费者错过重要信息，造成客户流失。

4. 文案逻辑清晰易懂

逻辑层次影响着用户了解并接收信息的程度。逻辑层次混乱的文案内容，会影响用户对产品信息的认知以及用户的浏览体验，甚至会造成产品流量转化大幅降低。为了便于用户清晰理解产品营销信息，了解产品详情，提升店铺流量转化，在撰写详情页文案时，需要对详情页文案的逻辑层级进行划分，并按照一定的顺序将其连接在一起。另外，详情页文案用语要避免过于复杂，尽量不要使用大量的专业用语，应当使用浅显易懂的语言对其进行概括。如果必须涉及专业术语，则需要对其作出必要的解释说明，帮助用户理解信息内容。在对产品详情进行介绍时，一般需要以焦点图、商品规格参数、商品细节、场景图、同类对比图等要素为核心，选择重要信息并梳理其逻辑结构，完成详情页文案撰写。

二、详情页文案写作方法

要想撰写出具有吸引力的详情页文案，需要结合详情页卖点文案、受众目标，选择合适的写作方法进行创作。常用的详情页文案撰写方法有以下几种。

1. 九宫格思考法

九宫格思考法是一种简单的激发创意思维的练习方法，有助于人的思维扩散。在运用九宫格思考法撰写详情页文案时，需要确定创意思维的主题，即产品，然后把目标产品放在九宫格的中心，再充分发挥想象力，从不同角度展开联想，并将由主题引起的联想信息写在其余8个空格内。内容扩充完整后，对其进行推敲辩证，整理分析每个要点的主次，留取关键信息。在填写九宫格时，既可以按照顺时针顺序，循序渐进、由浅入深地对产品卖点进行挖掘；也可以随意填写，不必思考各个要点之间的关系。如图5-2-2所示。

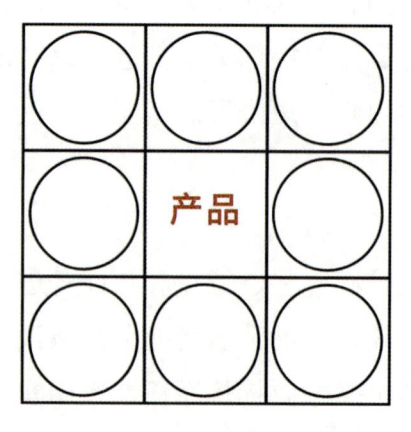

图 5-2-2　九宫格思考法

图5-2-3所示为一款"蒸蛋器"的详情页内页，这款"蒸蛋器"采用了九宫格思考写作方法，以"蒸蛋器"产品为中心，将与"蒸蛋器"商品相关的联想信息填充在其他格子中，直至8个格子完全填充。联想到的卖点文案"体积小、功率小、自动断电、专业

量杯、360度加热、304不锈钢、防烫顶盖、食品级材质",能够帮助消费者了解产品卖点信息,从而提高用户的体验感,特别是消费者蒸蛋器有需求时,产品的核心卖点能够起到很好的营销作用,有助于吸引更多消费者并提高销售转化率。

图 5-2-3 蒸蛋器

2. 要点延伸法

要点延伸法是一种扩展说明式表达的方法,也就是对产品卖点的内容扩充,能够将卖点详细、扼要地描述出来。在运用要点延伸法撰写详情页文案时,首先要挖掘出产品的差异化卖点,对其进行提炼概括。然后根据产品核心卖点,结合深刻的产品使用体验和产品认知,分别对其展开多角度、多层次的延伸叙述,丰富文案的素材、观点,为文案提供素材来源,同时使文案语言表达的内容更加充实,更具说服力与吸引力,如图5-2-4所示。

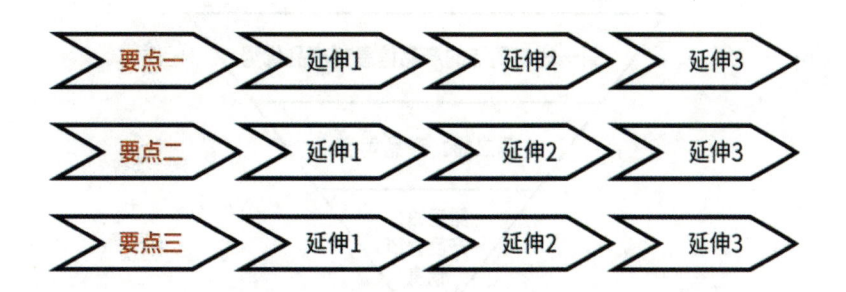

图 5-2-4 要点延伸法

图 5-2-5 所示为一款"充电宝"的详情页内页,这款"充电宝"采用了要点延伸写作方法,以"体积小"为卖点引发联想,首先想到使用方便,携带便利,不会占用太大空间,这就延伸出"便捷"特点;接着相较于传统充电宝,体积小和颜色丰富能够让人觉

163

得很时尚，这就延伸出"时尚"特点；最后由于体积小，携带方便，深受广大消费者喜欢，于是就延伸出"广泛"特点。该产品通过添加关键点来延伸其他卖点，以增加消费者对产品的理解和认知。

图 5-2-5 充电宝

3. 三段式写作法

三段式写作法比较适用于简短文案的创作，常见于氛围图的配文或页面横幅的引导。在运用三段式写作法撰写详情页文案时，一般需要将文案划分为三个部分，即导语、核心内容和结尾。其中，导语通常为浓缩的产品基本属性、产品卖点等，语言简洁有力，用于吸引用户兴趣并引发他们继续阅读；核心内容通常是对上一部分内容的拓展延伸，可以对产品特点、功能、优势等进行详细介绍和展示，可以根据具体情况将这一部分划分为多个小节，使文案更加清晰易读；结尾则是对前面阐述内容的总结，再次点明产品优势及其所能带给用户的价值，并激发用户的购买热情，如图 5-2-6 所示。

图 5-2-6 三段式写作法

图 5-2-7 所示为一款"石斛花糕点"的详情页内页，这款"石斛花糕点"采用了三段式写作法，第一段以"东方食养新招式"引发消费者好奇，想要知道"东方食养新招

式"到底是什么，吸引消费者进一步了解商品；第二段以"每一口都能吃到铁皮石斛花"展现了产品品质，说明产品真材实料，加深消费者对产品的认可；第三段以"买500G加送20G 立即购买»"展现了产品营销信息，刺激消费者购买动机，其中添加了"立即购买"的促单信息制造了紧迫感，促成销售。

图5-2-7 石斛花糕点

任务实施

任务背景

小张所在的3C网店，近期需要上架一款新产品，部门经理要求小张负责本次活动详情页文案的写作。小王接到任务后，需要按照详情页文案写作的要点和方法完成详情页文案的撰写。

任务操作

完成详情页文案写作，可参照如下步骤。

步骤1：了解产品定位

在撰写详情页文案之前，首先需要与运营人员对接需求，了解产品信息、目标用户、产品卖点等。通过对产品需求的充分了解，进而确定文案的写作重点和呈现方式，激发潜在用户兴趣。

电商文案策划

小张所在企业准备上新的 3C 产品为挂脖电扇，该核心产品的卖点为"便捷式懒人挂脖风扇"。通过与运营人员沟通，小张了解到在撰写该款产品的详情页文案时，需要以商品基本属性为基础，以受众需求为对象，体现商品差异化卖点。其中，运营人员提供的产品基本信息和产品卖点信息见表 5-2-1 和表 5-2-2。

表 5-2-1 挂脖风扇产品基本信息

挂脖风扇产品信息			
产品名称 Product name	无叶挂脖电扇	产品型号 Item No.	F14
输入电压/电流 Input voltage/Current	DC 5V/2A	额定功率 Rated power	5W
电池类型 Battery type	18650 锂电池	电池容量 Battery capacity	5000 / 7000mAh
充电时间 Charge time	约 1h	工作时间 Working time	未开制冷：一挡：8h；二挡：5h；三挡：2.5h
挡位 Wind speed gear	风扇：四挡 制冷：一挡	接口 Interface	Type-C
产品材质 Material	ABS+ 胶 + 合金	款式/颜色 Color	白色、粉丝、藏青色
产品重量 Product weight	340g	产品尺寸 Product size	199mm × 56mm × 222mm
彩盒尺寸 Color box size	220mm × 250mm × 60mm	外箱尺寸 Carton size	52cm × 51.5cm × 46.5cm
外箱数量 PCS/CIN	32PCS	整箱净重/毛重	17.5kg / 18.5kg
执行标准 Executive standard	GB 4706.1—2005/GB 4706.27—2008		

表 5-2-2 挂脖风扇产品卖点信息

受众用户需求	产品的用户需求	产品卖点	实力信息
1. 凉爽 2. 便捷 3. 颜值高	1. 便捷：解放双手 无惧酷暑 2. 充电：1 分钟快充 3. 续航：12 小时续航 4. 挡位：四挡调节 5. 风速：增压涡轮扇叶风速，风力大大提升	智能降温 清凉舒适 静音工作 12 h 续航 USB 充电 内置锂电池	10 年专研风扇 五大国家级降温专利，多项顶尖国际设计大奖 外观专利 227 项，实用新型专利 117 项，发明专利 5 项

步骤2：收集与整理信息

了解了产品定位之后，接着就需要根据提供的商品收集并整理相关信息资料。小张需要撰写的电商文案类型为产品详情页文案，因此需要了解产品的价值、使用方法、目标用户等相关信息，结合产品特性，提炼出产品的差异化卖点。小张使用FABE法则对挂脖风扇的卖点进行了提炼。

（1）Feature（特征）

挂脖风扇由两个风扇组成，采用悬挂式设计，支持多挡风速调节，可以通过电池或USB充电供电，小巧轻便，易于携带。由此，小张从产品外形设计方面可以提炼出产品特征卖点有：舒适不卡脖、懒人风扇、轻按调节、无须手持、360度环绕出风等。

（2）Advantage（优点）

挂脖风扇可以解放双手，使用方便，同时支持多挡风速调节和长时间使用，适合户外和室内多种场所。由此，小张可以从产品使用方面提炼出产品优势的卖点有：多挡调节、解放双手、清凉舒适等。

（3）Benefit（好处）

挂脖风扇可以为使用者提供清凉的感觉，增加舒适度和活动时间，提高生活和工作效率。由此，小张可以从生活使用方面提炼出产品优势的卖点有：居家逛街运动、随时随地享受清凉、释放双手、"一"秒降温等。

（4）Evidence（证据）

结合运营人员提供的卖点信息表，可以提炼出挂脖风扇的证据卖点有：10年专研风扇、五大国家级降温专利、多项顶尖国际设计大奖、外观专利227项、实用新型专利117项、发明专利5项。

步骤3：撰写详情页文案

收集并整理完相关信息之后，就可以开始撰写详情页文案了。在撰写详情页文案时，需要简洁明了、突出商品卖点、文案逻辑清晰易懂，以激起用户共鸣并促进销售。小张结合详情页文案写作要点，根据产品基本信息、受众群体、用户需求及产品卖点等方面，对挂脖风扇的详情页文案进行构思、拟写，最终文案见表5-2-3。

表5-2-3 挂脖风扇详情页文案

挂脖风扇详情页文案	
焦点图	炎炎夏日有我清凉相伴 无须手持　3秒清凉

续表

	挂脖风扇详情页文案
商品规格参数	产品名称：无叶挂脖电扇　　产品型号：F14 输入输出：5V/0.8～1Amax　　额定功率：5W 电池容量：5000 / 7000mAh　　产品重量：340g 产品材质：ABS / PC / 电子元件　　电池电压：3.7V
核心卖点	六大优势　你想要的我都有　智能降温　Intelligent cooling　　清凉舒适　Cool and comfortable　静音工作　Mute operation　　12h 续航　12h endurance　USB 充电　USB charging　内置锂电池　Built in lithium battery （升级大尺寸）增压涡轮扇叶风速，风力大大提升
场景展示	烹饪、办公、居家、逛街
模特图	1. 一样的夏天不一样的清凉　时尚潮搭出街焦点 2. 释放双手　"一"秒降温　无须手持　模拟自然风 3. 人性化设计　舒适不卡脖　大小脖围都能 hold 住 4. 15°微趴角度精准送风　劲爽去暑　夏日炎炎有我清凉
细节展示	1. 4 倍大风量澎湃聚风 2. Type-C 口　全系升级　急速快充 3. 半封闭式进风　防尘又防汗　精准送风 4. 磨砂质感　PC　ABS 材质　柔韧亲肤
实力展示	10 年专研风扇 五大国家级降温专利　多项顶尖国际设计大奖 外观专利 227 项　实用新型专利 117　发明专利 5 项 * 截至 2022 年 04 月 12 日统计，国内外专利的授权数量

任务思考

通过以上操作，了解了详情页文案写作的实训操作，请在此基础上进行思考并回答：

在进行详情页文案写作时，需要考虑哪些问题？

_____

_____

_____

任务评价

按照客观、公正和公平的原则，在教师的指导下按自我评价、小组评价和教师评价三种方式对自己或他人在本任务学习中的表现进行综合评价，学习任务综合评价表见表5-2-4。

表 5-2-4　学习任务综合评价表

考核项目	评价内容	配分	评价分数 自我评价	评价分数 小组评价	评价分数 教师评价
职业素养	具备创新意识或原创精神	10			
职业素养	具备洞察能力和分析能力	10			
专业能力	能够了解详情页的写作要点	20			
专业能力	能够完成详情页文案写作	30			
任务成果	任务成果符合任务要求	15			
任务成果	任务成果完成质量	15			
	总分	100			
总评	自我评价×20%+ 小组评价×20%+ 教师评价×60%=	综合评分			

同步实训

某文具旗舰店需要制作一款笔记本的详情页，其产品基本信息见表5-2-5。请你收集并整理相关产品信息，提炼商品卖点，并遵循详情页文案写作要点，选择合适的详情页文案写作方法，完成笔记本产品详情页文案的写作。

表 5-2-5　笔记本产品基本信息

产品的基本信息	受众用户需求	产品的用户需求
1.产品名称：迷你笔记本 2.记事本分类：通用笔记本 3.颜色：八色可选	适合随手记录的人群	1.质量：双面可写、锁线装订 2.设计：绑带、迷你、绸缎书签

实训评价

评估内容				
序号	考核项目			评分比例 /%
1	实训内容	分析详情页文案	能够提炼产品卖点	80
			能够完成详情页文案写作	
2	实训结果	实训结果书写认真、完整、页面整洁，实训收获较大		20
合计				100
个人总结	编写个人的实训过程及收获，如在整个过程中的收获和心得体会等			

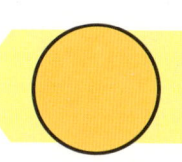

任务三　详情页文案排版设计

案例导入

某箱包企业网店上架的一款箱包，其价格设置比同类产品低，营销卖点也优于同行。运营人员分析发现，这款箱包产品的详情页布局混乱，重点卖点没有突出，导致消费者难以捕捉产品核心卖点，从而造成产品转化差。网店运营人员发现这一问题后，迅速对详情页文案进行优化。

运营人员从布局框架、页面风格、文案排版等进行了优化。首先从布局框架出发，根据用户需求有逻辑地展现产品卖点、质量、颜色、细节等内容，让用户快速了解产品，从而完成详情页布局；接着，从页面风格出发，根据箱包颜色确定页面主色和辅色，再搭配立体场景展示，让页面更加立体真实；最后，从文案排版出发，通过字体选择、字体大小、字体颜色等区分，突出核心卖点文案，吸引用户产生购买行为。优化后的详情页文案如图5-3-1所示。

图5-3-1　优化后的详情页

优化后的详情页文案页面逻辑清晰、风格统一、色彩鲜明且产品卖点突出，使用户能快速了解产品的特点和优势，箱包详情页的转化率也随之提高。

【案例思考】

1. 在进行详情页文案排版设计时，需要关注哪些要素？
2. 详情页文案排版的方法有哪些？

知识储备

一、详情页文案设计

详情页文案设计是指在设计详情页时对文案内容进行设计和排版，以确保页面中的文案能够吸引消费者眼球，达到信息传递的目的。在进行详情页文案设计时，需要注意以下几点内容。

1. 构建布局框架

布局框架是指设计和构建详情页内容的页面结构和布局模式。布局框架通常包括焦点图、商品规格参数、商品细节展示、模特图、场景图、同类对比图、买家展示、购物须知、品牌文化等。根据想要营造出的视觉效果，将模块进行重新布局，使其能够清晰地展示产品或服务信息，又能具备视觉美感，提供良好的购物体验。

2. 叙述风格统一

叙述风格统一是指店铺或产品的文案风格、用词、语气等需使用统一的语言风格和文案排版。一般可以根据店铺风格、产品属性、营销目的等选择合适的文案风格，以确保页面的一致性和连贯性，更加有利于营造品牌形象、增强品牌忠诚度。避免出现前后文风格差异大的问题，前面是幽默风趣的语言，后面又是沉闷严肃的表述，反而降低用户体验。

3. 确定配色方案

配色方案是指在文字排版时合理利用颜色进行文案设计，不仅能突显产品核心卖点，还能够使整个页面更加丰富多彩。在进行配色方案设计时，需要选择与店铺首页色彩一致、产品自身配色相关的颜色，以增加文字的阅读和传播。需要注意的是，文字颜色不能过于花哨，否则，会降低消费者购物体验。在字体排版设计时，一般建议颜色不超过3种，如果颜色数量过多，设计效果会变得混乱且难以控制。

4. 字体排版设计

字体排版设计是指在文字排版设计中对文字的选择、大小、颜色、特效等进行组合

设计，以达到视觉效果和信息传达的目的。其中，字体选择需要根据产品风格、目标用户定位、应用场景等进行，如文创类产品可以选择毛笔字体，科技类产品可以选择常规黑体和宋体类；字体大小需要根据文案的主次关系确定，主要用来区分单个页面中主文案和副文案；字体颜色需要根据文案信息进行区分，一般需要突出的重点内容更换颜色标注；字体特效是给字体增加描边、渐变叠加、阴影等，以丰富文字的视觉层次，常用于详情页中焦点图字体设计。在字体排版设计时，一般建议字体不超过3种，不建议使用过多字体，否则会使页面杂乱无章。

二、详情页文案排版

详情页文案排版是指对详情页中的文案布局排版进行设计，使页面更加美观，易于阅读和理解。在详情页文案排版过程中，除了常规的左右对齐外，以下几种排版方式也常被运用。

1. 对角线式排版

对角线式排版是指将产品倾斜放置在页面的中心位置，形成一个对角线，文案内容沿着对角线上下排列，文案内容排列在页面左上角和右上角或者右上角和左下角。

如图5-3-2所示，这种排版方式能够使页面呈现出流畅、自然的视觉效果，给用户留下深刻的印象，有利于提升页面的美观度和设计感。这种排版方式常用于设计详情页的焦点图，将页面以对角线式排版设计，使页面更具创意性和创新性，易于用户传播。在详情页文案排版时，需要注意这种排版要有一定的空间感，如果页面距离不够，会导致视觉体验不佳，影响页面整体的视觉效果。

图5-3-2 对角线式排版

图 5-3-3 所示为一款"运动鞋"的详情页焦点图。这款"焦点图"使用了对角线式排版,将"运动鞋"倾斜放置在页面中心位置,形成对角线,将文案放置在左上角和右下角位置。这种排版方式在视觉上给人以灵动、活力的感觉,并且页面有效利用空间排版,确保页面不过于拥挤或分散,使焦点图对比更强烈,可以吸引消费者注意力并提高浏览体验,让消费者产生继续浏览的欲望。

图 5-3-3 运动鞋案例

2. 左右两端分布排版

左右两端分布排版是指将文案放置在页面左右两端进行左对齐或右对齐排列,呈现出对称美观的排版效果。这种排版方式常用于设计详情页的产品细节,将文字以左右两端分布的方式排列,突出文案主题,使页面文字均衡稳定。在详情页文案排版时,需要注意文字断字现象,以免导致排版不美观,影响页面的整体性和统一性,如图 5-3-4 所示。

图 5-3-4 左右两端分布排版

图 5-3-5 所示为一款"干发帽"的详情页细节图。这款"细节图"使用了左右两端分布排版,将"干发帽"居中放置在页面中,将文案放置在顶部左右两边位置。这种排版方式具有较强的对称性,可以使页面看起来更加平衡和稳定,有助于突出产品卖点信息。通过左右两侧添加文案,可以让消费者目光自然集中在内容上,减少页面的杂乱元素,使消费者专注于主要内容。

图 5-3-5 干发帽案例

3. 居中对齐排版

居中对齐排版是指将文案居中放置在页面的中心位置,这种排版可以让页面看起来更加整洁、有序,同时也能让页面更加美观,方便阅读。详情页文案排版中常见的居中对齐排版形式有上文下图、上图下文、文字在图片中间三种。这种排版方式常用于设计详情页的场景展示、模特展示、实力展示等,将文字以居中对齐的方式排列,使页面文字更加和谐。在详情页文案排版时,需要注意字体的行间距,避免文字过于拥挤,导致页面不美观,如图 5-3-6 所示。

图 5-3-7 所示为一款"鸡胸肉"的详情页场景展示,这款"场景展示"使用了居中对齐排版,将"鸡胸肉"产品场景图放置在页面中,将文案放置在顶部的中心位置。这种排版方式将文案居中放置,增加了页面的整洁感,可以使页面更具视觉吸引力。通过字体、颜色、间距等调整,进一步提高页面的美观程度。

图 5-3-6 居中对齐排版

图 5-3-7　鸡胸肉案例

4. 环形发散排版

环形发散排版是指将产品核心信息放在文案的中央，其他相关信息以分支的方式向外展开，形成一个环形的布局，使得信息之间的关联性和层次感更加清晰明了。这种排版方式常用于设计产品的卖点和功效，根据产品不同的特点，以分支的形式展开详细的说明和描述，使用户更加便捷地了解产品的相关信息。在详情页文案排版时，需要注意信息间的关联性和层次感，信息分支不宜过多，过多的信息会导致消费者阅读困难，并且难以转化，如图 5-3-8 所示。

图 5-3-9 所示为一款"话筒"的详情页功能展示。这款"功能展示"使用了环形发散排版，将"话筒"产品图片放置在页面中间位置，将功能文案分散在产品周围，形成环形布局。这种排版方式将文案环绕在产品周围，可以使产品信息更加醒目，有助于产品功能信息的准确传达。

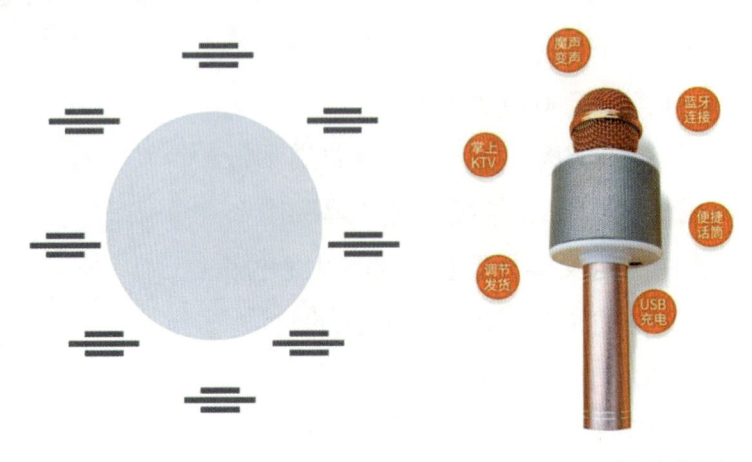

图 5-3-8　环形发散排版　　　图 5-3-9　话筒案例

任务实施

任务背景

小张所在的 3C 网店近期需要上架一款挂脖风扇,在小张完成了详情页文案内容设计之后,公司要求小张负责本次活动详情页文案排版的设计。详情页文案排版设计的具体内容包括文案排版设计准备、确定页面布局框架、完成详情页文案排版设计。请帮助小张完成详情页文案排版设计工作。

任务操作

完成详情页文案排版设计,可参照如下步骤。

步骤 1:对接需求

在进行详情页文案排版设计之前,需要与运营人员对接详情页的制作需求,了解详情页的风格、受众人群、文案、产品图片等信息。小张通过对接运营人员获得了详情页设计需求表,见表 5-3-1。

表 5-3-1 详情页设计需求表

详情页风格	受众人群	详情页文案	产品图片
简约清新风格	1. 年轻受众 2. 年龄 20 ~ 30 岁 3. 中等收入	炎炎夏日有我清凉 无须手持　3 秒清凉 产品名称:无叶挂脖电扇 产品型号:F14 输入输出:5V/0.8 ~ 1Amax 额定功率:5W 电池容量:5000/7000mAh 产品重量:340g 产品材质:ABS/PC / 电子元件 电池电压:3.7V	

续表

详情页风格	受众人群	详情页文案	产品图片
简约清新风格	1. 年轻受众 2. 年龄20~30岁 3. 中等收入	六大优势　你想要的我都有 智能降温　Intelligent cooling 清凉舒适　Cool and comfortable 静音工作　Mute operation 12h续航　12h endurance USB充电　USB charging 内置锂电池　Built in lithium battery （升级大尺寸）增压涡轮扇叶风速，风力大大提升 烹饪、办公、居家、逛街 一样的夏天不一样的清凉　时尚潮搭出街焦点 释放双手"一"秒降温　无须手持　模拟自然风 人性化设计　舒适不卡脖　大小脖围都能hold住 15°微趴角度精准送风　劲爽去暑　夏日炎炎有我清凉 4倍大风量澎湃聚风 Type-C口　全系升级　急速快充 半封闭式进风　防尘又防汗　精准送风 磨砂质感　PC ABS材质　柔韧亲肤 10年专研风扇 五大国家级降温专利　多项顶尖国际设计大奖	

项目五　详情页文案策划

续表

详情页风格	受众人群	详情页文案	产品图片
简约清新风格	1. 年轻受众 2. 年龄 20～30 岁 3. 中等收入	外观专利 227 项　实用新型专利 117 项　发明专利 5 项 * 截至 2022 年 04 月 12 日统计，国内外专利的授权数量	

步骤 2：布局设计

在对接完设计需求后，小张需要对设计需求进行整理与分析，然后根据设计需求来确定详情页文案、产品图片等元素在版面上的位置和布局，确保设计的布局合理、美观且能够有效地传达产品的信息和价值，小张根据设计需求，最终设计出如表 5-3-2 所示的布局。

表 5-3-2　框架布局设计

详情页框架	详情页布局
实力展示	10 年专研风扇 五大国家级降温专利　多项顶尖国际设计大奖 外观专利 227 项 图片 实用新型专利 117 项　　　发明专利 5 项 图片　　　图片 * 截至 2022 年 04 月 12 日统计，国内外专利的授权数量

179

续表

详情页框架	详情页布局
焦点图	炎炎夏日有我清凉相伴 无须手持　3 秒清凉 图片
核心卖点	六大优势　你想要的我都有 智能降温　Intelligent cooling　　清凉舒适　Cool and comfortable　　静音工作　Mute operation 12h 续航　12h endurance　　USB 充电　USB charging　　内置锂电池　Built in lithium battery （升级大尺寸） 图片 增压涡轮扇叶风速，风力大大提升

续表

详情页框架	详情页布局
场景展示	场景展示 SCENE DISPLAY 图片（烹饪）　图片（办公） 图片（居家）　图片（逛街）
模特展示	模特展示 MODEL DISPLAY 图片 一样的夏天不一样的清凉　时尚潮搭出街焦点

续表

详情页框架	详情页布局
模特展示	图片 释放双手 "一"秒降温 无须手持 模拟自然风 图片 人性化设计 舒适不卡脖 大小脖围都能hold住 图片 15°微趴角度精准送风 劲爽去暑 夏日炎炎有我清凉
细节展示	模特展示 MODEL DISPLAY 图片

续表

详情页框架	详情页布局
细节展示	图片 半封闭式进风 防尘又防汗　精准送风　　图片 磨砂质感 PC　ABS材质　柔韧亲肤　　图片
产品信息	产品信息 PRODUCT　INFORMATION 产品名称：无叶挂脖电扇　　产品型号：F14 输入输出：5V/0.8～1Amax　　额定功率：5W 电池容量：5000/7000mAh　　产品重量：340g 产品材质：ABS/PC/电子元件　　电池电压：3.7V

步骤 3：文案排版设计

在详情页文案排版设计时，小张可以根据详情页风格和受众人群选择合适的字体、配色、素材等元素，以制作出符合运营需求并且能够吸引用户注意的详情页，最终小张确定的详情页文案排版设计内容见表 5-3-3。

表 5-3-3　字体配色素材选择

主图字体	主图配色	详情页素材	排版方式
思源黑体	主色调：蓝色、绿色 辅色调：灰色	树叶 风 麦穗	

收集并整理完相关信息之后，根据挂脖风扇的文案进行详情页文案排版设计，具体步骤如下。

步骤 3.1：创建画布。 通过快捷键 Ctrl+N 或者通过"文件"→"新建"命令操作，执行"新建"命令，在打开的"新建"对话框中，新建一个宽 750 像素 × 高 9 900 像素（实际高度取决于制作详情页高度）的画布，分辨率为 72 像素 / 英寸，颜色模式为 RGB，背景内容为白色，并将该文件命名为"挂脖风扇详情页设计"，如图 5-3-10 所示。

图 5-3-10　新建文件

项目五　详情页文案策划

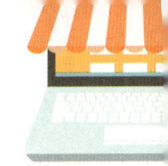

步骤 3.2：实力展示。

步骤 3.2.1：绘制背景。 选择"矩形工具",绘制一个 750 像素 ×790 像素的矩形,设置矩形颜色为浅蓝色,如图 5-3-11 所示。

图 5-3-11　绘制背景

步骤 3.2.2：主标题设计。 选择"横排文字工具",设置字体为思源黑体,文字设置为左对齐,颜色为深灰色和浅灰色,输入产品文案"10 年专研风扇""五大国家级降温专利多项顶尖国际设计大奖",如图 5-3-12 所示。

图 5-3-12　输入主题文案

步骤 3.2.3：外观专利设计。 置入提前准备好的"专利"和"麦穗"素材,并且调整素材文件的大小和位置;选择"横排文字工具",设置字体为思源黑体,文字设置为居中对齐,颜色为白色,输入产品文案"外观专利 227 项",如图 5-3-13 所示。

图 5-3-13　外观专利设计

步骤 3.2.4：实用新型专利设计。 置入准备好的"专利"和"麦穗"素材，并且调整素材文件的大小和位置；选择"横排文字工具"，设置字体为思源黑体，文字设置为居中对齐，颜色为白色，输入产品文案"实用新型专利117项"，如图5-3-14所示。

图 5-3-14　实用新型专利设计

步骤 3.2.5：发明专利设计。 置入准备好的"专利"和"麦穗"素材，并且调整素材文件的大小和位置。选择"横排文字工具"，设置字体为思源黑体，文字设置为居中对齐，颜色为白色，输入产品文案"发明专利5项"，如图5-3-15所示。

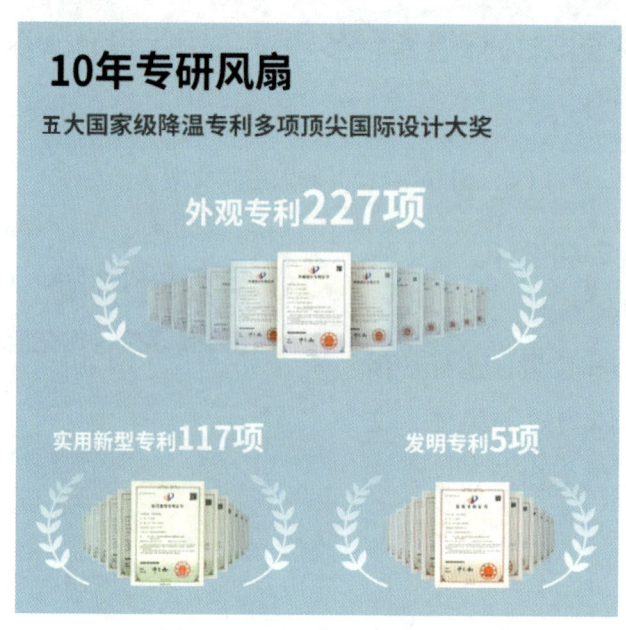

图 5-3-15　发明专利设计

步骤 3.2.6：备注说明。 选择"横排文字工具"，设置字体为思源黑体，文字设置为居中对齐，颜色为白色，输入产品文案"* 截至2022年04月12日统计，国内外专利的授权数量"，如图5-3-16所示。

图 5-3-16　备注说明

步骤 3.3：焦点图设计。 采用上文下图的排版方式设计。

步骤 3.3.1：置入背景。 置入准备好的"背景"素材，并且调整素材文件的大小和位置，如图5-3-17所示。

图 5-3-17　置入背景

步骤3.3.2：置入产品素材。 置入准备好的"产品"素材，并且调整素材文件的大小和位置，如图5-3-18所示；对产品素材绘制阴影，填充颜色为绿色，如图5-3-19所示。

图 5-3-18　置入产品　　　　　图 5-3-19　绘制阴影

步骤3.3.3：置入树叶素材。 置入准备好的"树叶"素材，并且调整素材文件的大小和位置，如图5-3-20示；对树叶素材绘制阴影，填充颜色为绿色，如图5-3-21所示。

图 5-3-20　置入树叶　　　　　图 5-3-21　绘制阴影

步骤3.3.4：置入风和叶子飘浮素材。 置入准备好的"风"和"叶子飘浮"素材，并且调整素材文件的大小和位置，如图5-3-22所示。

图 5-3-22 置入风和叶子飘浮素材

步骤 3.3.5：输入文字和形状。 选择"横排文字工具"，设置字体为思源黑体，文字设置为左对齐，颜色为白色，输入产品文案"炎炎夏日 有我清凉相伴""无须手持 3秒清凉"，如图 5-3-23 所示；选择"椭圆工具"，绘制三个椭圆，设置颜色为白色，如图 5-3-24 所示。

图 5-3-23 输入文案　　　　图 5-3-24 绘制椭圆

步骤 3.4：核心卖点设计。

步骤 3.4.1：卖点设计 1。

①选择"矩形工具"，绘制一个 750 像素 ×823 像素的矩形，设置右上角圆角为 104 像素，设置颜色为白色，如图 5-3-25 所示。

②选择"横排文字工具"，设置字体为思源黑体，文字设置为左对齐，颜色为灰色，输入产品文案"六大优势 你想要的我都有"；选择"矩形工具"，绘制 2 个矩形，设置颜色为灰色，如图 5-3-26 所示。

图 5-3-25　绘制矩形　　图 5-3-26　输入文案、绘制矩形

③卖点设计。置入准备好的"温降"素材，并且调整素材文件的大小和位置；选择"横排文字工具"，设置字体为思源黑体，文字设置为左对齐，颜色为灰色，输入产品文案"智能降温"和"INTELLIGENT COOLING"，如图 5-3-27 所示；按照上述方式，依次完成其他卖点，如图 5-3-28 所示。

图 5-3-27　卖点设计　　图 5-3-28　卖点展示

项目五　详情页文案策划

步骤 3.4.2：卖点设计 2。

①选择"矩形工具",绘制一个 750 像素 × 1284 像素的矩形,设置颜色为浅灰色,如图 5-3-29 所示。

②置入准备好的"产品"素材,并且调整素材文件的大小和位置,如图 5-3-30 所示。

图 5-3-29　绘制矩形　　　　图 5-3-30　置入产品图

③选择"横排文字工具",设置字体为思源黑体,文字设置为居中对齐,颜色为灰色和绿色,输入产品文案"(升级大尺寸)"和"增压涡轮扇叶风速,风力大大提升",如图 5-3-31 所示。

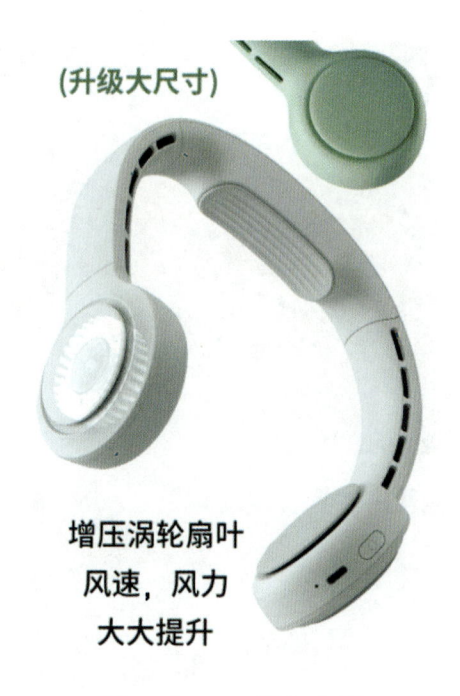

图 5-3-31　输入文案

步骤 3.5：场景设计。

步骤 3.5.1：**场景文案设计**。选择"横排文字工具"，设置字体为思源黑体，文字设置为居中对齐，颜色为黑色和蓝色，输入产品文案"场景展示"和"SCENE DISPLAY"，如图 5-3-32 所示。

图 5-3-32　输入文案

步骤 3.5.2：**场景展示 1 设计**。选择"矩形工具"，绘制一个 335 像素 ×245 像素的矩形，四边圆角为 44 像素；置入"烹饪"素材，创建剪切蒙版，并且调整素材文件的大小和位置，如图 5-3-33 所示；选择"矩形工具"，绘制一个 134 像素 ×41 像素的圆角矩形，设置矩形颜色为浅蓝色；选择"横排文字工具"，设置字体为思源黑体，文字设置为居中对齐，颜色为白色，输入产品文案"烹饪"，如图 5-3-34 所示。

图 5-3-33　置入烹饪场景　　　　图 5-3-34　置入文案

步骤 3.5.3：按照上述步骤，完成其他场景设计，如图 5-3-35 所示。

图 5-3-35 场景设计

步骤 3.6：模特展示设计。

步骤 3.6.1：**模特展示文案设计**。选择"横排文字工具"，设置字体为思源黑体，文字设置为居中对齐，颜色为黑色和蓝色，输入产品文案"模特展示"和"MODEL DISPLAY"，如图 5-3-36 所示。

图 5-3-36 输入文案

步骤 3.6.2：**模特展示 1 设计**。选择"矩形工具"，绘制一个 750 像素 ×560 像素的矩形；置入"模特 1"素材，创建剪切蒙版，并且调整素材文件的大小和位置，如图 5-3-37 所示；选择"矩形工具"，绘制一个 565 像素 ×104 像素的圆角矩形，设置圆角矩形颜色为浅蓝色；选择"横排文字工具"，设置字体为思源黑体，文字设置为居中对齐，颜色为白色，输入产品文案"一样的夏天不一样的清凉 时尚潮搭出街焦点"，如图 5-3-38 所示。

图 5-3-37　置入模特 1 素材　　　　　图 5-3-38　置入文案

步骤 3.6.3：按照上述步骤，完成其他模特展示设计，如图 5-3-39 所示。

图 5-3-39　模特展示设计

步骤 3.7：细节展示设计。

步骤 3.7.1：细节展示文案设计。选择"横排文字工具"，设置字体为思源黑体，文字设置为居中对齐，颜色为黑色和蓝色，输入产品文案"细节展示"和"DETAIL DISPLAY"，如图 5-3-40 所示。

细节展示
DETAIL DISPLAY

图 5-3-40　输入文案

步骤 3.7.2：细节展示 1 设计。选择"矩形工具"，绘制一个 750 像素 × 922 像素的矩形；置入"细节 1"素材，创建剪切蒙版，并且调整素材文件的大小和位置，如图 5-3-41 所示；选择"横排文字工具"，设置字体为思源黑体，文字设置为左对齐，颜色为白色，输入产品文案"4 倍大风量　澎湃聚风"，如图 5-3-42 所示。

图 5-3-41　置入细节 1 素材　　　图 5-3-42　置入文案

步骤 3.7.3：按照上述步骤，完成其他细节展示设计，如图 5-3-43 所示。

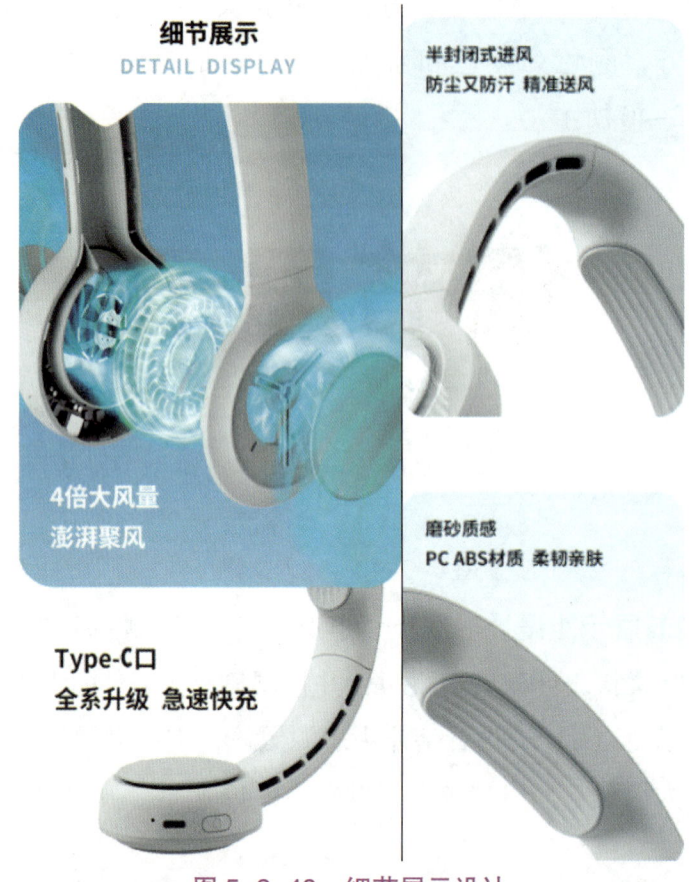

图 5-3-43　细节展示设计

步骤 3.8：产品信息设计。

步骤 3.8.1：背景绘制。选择"矩形工具"，绘制一个 750 像素 × 920 像素的矩形；设置颜色为浅灰色，如图 5-3-44 所示。

图 5-3-44　绘制背景

步骤 3.8.2：产品信息文案设计。选择"横排文字工具"，设置字体为思源黑体，文

字设置为居中对齐，颜色为深灰色和浅灰色，输入产品文案"产品信息"和"PRODUCT INFORMATION"，如图 5-3-45 所示。

产品信息
PRODUCT INFORMATION

图 5-3-45　输入文案

步骤 3.8.3：产品信息内容设计。 选择"横排文字工具"，设置字体为思源黑体，颜色为黑色和灰色，输入产品文案"产品名称：无叶挂脖电扇　产品型号：F14　输入输出：5V/0.8 ~ 1Amax　额定功率：5W　电池容量：5000 / 7000mAh　产品重量：340g　产品材质：ABS / PC / 电子元件　电池电压：3.7V"，如图 5-3-46 所示。

产品信息
PRODUCT INFORMATION

产品名称：　　　　　　产品型号
无叶挂脖电扇　　　　**F14**

输入输出：　　　　　　额定功率：
5V/0.8 ~ 1Amax　　　**5W**

电池容量：　　　　　　产品重量：
5000/7000mAh　　　**340g**

产品材质：　　　　　　电池电压：
ABS/PC/电子元件　　**3.7V**

图 5-3-46　产品信息内容

项目五　详情页文案策划

197

步骤 3.9：完成挂脖风扇详情页文案排版设计，如图 5-3-47 所示。

图 5-3-47　挂脖风扇详情页文案排版设计

任务思考

通过以上操作,完成了详情页文案排版设计的实训操作,请在此基础进行思考并回答:

在进行详情页文案排版设计时,需要考虑哪些问题?

_____

_____

_____

任务评价

按照客观、公正和公平的原则,在教师的指导下按自我评价、小组评价和教师评价三种方式对自己或他人在本任务学习中的表现进行综合评价,学习任务综合评价表见表5-3-4。

表 5-3-4 学习任务综合评价表

考核项目	评价内容	配分	评价分数 自我评价	评价分数 小组评价	评价分数 教师评价
职业素养	具备创新意识或原创精神	10			
职业素养	具备洞察能力和分析能力	10			
专业能力	能了解详情页文案排版设计的内容	20			
专业能力	能够完成详情页文案排版设计	30			
任务成果	任务成果符合任务要求	15			
任务成果	任务成果完成质量	15			
总分		100			
总评	自我评价×20%+小组评价×20%+教师评价×60%=	综合评分			

同步实训

某食品旗舰店近期要上架一款薄脆饼干,请你根据运营人员提供的需求表和产品文案表,见表5-3-5和表5-3-6,完成薄脆饼干产品详情页页面布局和文案排版设计。

表 5-3-5　薄脆饼干需求

产品受众用户人群	产品页面风格	产品页面配色	产品页面文字
1. 儿童 2. 办公室白领 3. 学生党	可爱童趣	主色调：黄色 辅色调：褐色	可爱字体：圆体类

表 5-3-6　薄脆饼干文案

薄脆饼干文案素材	
1. 薄脆饼干一口童年味 2. 椰奶味和巧克力味 3. 香酥薄脆　两种口味　独立包装 4. 香甜可口　片片酥脆 5. 满满糖粒一口童年味 6. 每一口都是鲜滋味，满嘴清新可口的香甜 7. 悉心选材　好味爆赞 8. 层层筛选食材，多重用料成就美味 9. 小口薄脆　嘎嘣酥脆 10. 入口香浓　清甜不腻 11. 方便卫生　全家分享 12. 好吃不贵　更有滋味	产品名称：椰奶味薄脆/巧克力味薄脆 产品类型：韧性饼干 生产日期：见包装 配料表：见包装 食用方法：开袋即食 保质期：见包装 储存方式：常温储存，避免阳光直射味料、鸭蛋黄、香辛料、大豆蛋白、海藻糖、食用盐、青豆、胡萝卜、葱、玉米粒

实训评价

评估内容			
序号	考核项目		评分比例/%
1	实训内容	分析详情页文案　　能够完成页面布局框架 　　　　　　　　　能够完成详情页文案排版设计	80
2	实训结果	实训结果书写认真、完整、页面整洁，实训收获较大	20
合计			100
个人总结	编写个人的实训过程及收获，如在整个过程中的收获和心得体会等		

职业视窗

《中华人民共和国广告法》涉及详情页文案的规范

随着电商平台的高速发展，越来越多企业将销售阵地转移至线上。商品详情页是网店中最容易与买家产生交易和共鸣的地方，一个优质的商品详情页可以激发消费者的购买欲望，赢得消费者对店铺的信任感，促使消费者下单，是提高商品转化率的重要入口。因此，在撰写详情页文案时，需要遵守《中华人民共和国广告法》中的相关规定，尊重消费者的权益，遵守商业道德。

在《中华人民共和国广告法》中，涉及详情页文案的工作规范做出如下规定。

广告法第四条规定："广告不得含有虚假或者引人误解的内容，不得欺骗、误导消费者。"因此，在详情页文案的撰写过程中，需要确保所提供的商品信息真实、准确，并能通过客观的数据和信息进行佐证，不能以虚假宣传吸引消费者。此外，详情页文案也不能包含不实信息，不能使用夸大、虚假或误导性的语言，不能夸大商品功能、性能等宣传手法。

广告法第三条规定："广告应当真实、合法，以健康的表现形式表达广告内容，符合社会主义精神文明建设和弘扬中华民族优秀传统文化的要求。"在详情页文案撰写过程中，需要避免使用侮辱、歧视及不道德的语言和形象，不得利用刻意挑战、冒犯用户感情等方式诱导人们购买商品。同时，详情页文案一定要注意商业道德和文化涵养，遵循我国优秀传统文化的基本准则，注重社会的口碑。

参考文献

［1］安佳. 电商文案写作全能一本通［M］. 北京：人民邮电出版社，2018.

［2］蒋晖，三虎. 新电商文案写作［M］. 北京：人民邮电出版社，2020.

［3］孙清华，吕志军. 电商文案写作与传播［M］. 北京：人民邮电出版社，2019.

［4］周南，冯静. 电商文案策划与视觉营销实战（微课版）［M］. 2版. 北京：人民邮电出版社，2022.